DICTIONNAIRE UNIVERSEL

DE LA

LANGUE FRANÇOISE,

DANS LEQUEL SE TROUVENT

1° Tous les mots consacrés par l'Académie Françoise; 2° Les mots et les locutions omis dans son Dictionnaire, et employés par de bons Auteurs; 3° Les diverses acceptions de tous ces mots, justifiées par des exemples empruntés aux meilleurs Écrivains des XVIIe, XVIIIe et XIXe siècles;

AVEC

L'ÉTYMOLOGIE DE CHAQUE MOT, ET LES TERMES TECHNIQUES ET SCIENTIFIQUES QUI ONT PASSÉ DANS LA LANGUE USUELLE:

COMPOSÉ ET PUBLIÉ

PAR M. RAOUL-ROCHETTE,

MEMBRE DE L'ACADÉMIE ROYALE DES INSCRIPTIONS ET BELLES-LETTRES DE L'INSTITUT DE FRANCE.

D'APRÈS DES MATÉRIAUX RECUEILLIS EN GRANDE PARTIE

PAR M. BOISSONADE,

MEMBRE DE LA MÊME ACADÉMIE.

. . . . Usus
Quem penes arbitrium est et jus et norma loquendi.
HORAT. *Ars Poet.*

A PARIS,

CHEZ H. NICOLLE, LIBRAIRE, RUE DE SEINE, N° 12.

M DCCC XIX.

IMPRIMERIE DE COSSON, SUCCESSEUR DE M. BOSSANGE,
RUE GARENCIÈRE, N° 5.

DICTIONNAIRE UNIVERSEL

DE LA

LANGUE FRANÇOISE.

Prospectus.

S'IL est difficile de trouver réunis les divers genres de connoissances qu'exige la composition d'un bon Dictionnaire, il ne l'est pas moins de saisir l'époque juste et précise où la langue, dont ce Dictionnaire est destiné à constater les richesses, est parvenue à son plus haut degré de développement et de maturité; à ce point en-deçà duquel la perfection n'est pas encore, au-delà duquel elle n'est déjà plus. Trop tôt, le vocabulaire est incomplet et défectueux; trop tard, la langue, surchargée d'acquisitions illégitimes, s'appauvrit de tout ce qu'elle semble gagner.

On ne sauroit nier que les dictionnaires de notre langue qui nous ont été donnés jusqu'à ce jour, et notamment celui de l'Académie Françoise, ne soient dans le premier de ces cas. Rédigés la plupart à une époque où la prose françoise ne s'étoit point encore enrichie de tant de productions immortelles des plus beaux génies du XVIIIe siècle, ils ne pouvoient offrir cette foule d'expressions nouvelles, cette multitude plus considérable encore d'acceptions neuves, de tours heureux, de locutions élégantes que la plume des grands écrivains a consacrées, et que leur exemple a fait passer dans la langue. La poésie a peut-être été moins favorablement traitée; mais les derniers travaux de Voltaire et les brillantes compositions de Delille ont cependant enrichi le vocabulaire poétique d'une foule de mots qu'une timidité malheureuse ou maladroite en avoit jusqu'alors écartés, ou d'acceptions nouvelles qui sont restées dans la langue; et même, parmi les écrivains de nos jours, il en est quelques-uns qui par des hardiesses heureuses ont agrandi le domaine de cette langue, en même temps qu'ils ont ajouté de nouveaux titres à notre gloire littéraire.

Il semble donc que le moment où la langue françoise a acquis tout son développement, et en quelque sorte réalisé toutes ses richesses, est celui que nous choisissons pour en publier un *Dictionnaire universel* dont nous allons exposer le plan.

Les auteurs des premiers dictionnaires françois qui méritèrent quelque considération, Richelet et Furetière, et surtout le dernier, avoient judicieusement pensé que la seule autorité, en matière de langue, se tire des écrits que l'estime publique a consacrés. En conséquence, ils produisirent, à la suite de chaque expression, des exemples empruntés aux excellents écrivains de leur temps, dans lesquels l'usage de cette expression et les diverses acceptions dont elle étoit susceptible se trouvoient justifiés. L'Académie Françoise adopta pour son Dictionnaire un plan différent. En vertu de l'autorité suprême dont elle étoit investie par lettres-patentes sur la langue et sur ceux qui l'écrivoient, elle substitua aux exemples tirés des bons auteurs des phrases faites par les académiciens eux-mêmes : phrases sèches, courtes, d'une diction familière, sans agrément, sans utilité, sans esprit, qui ne renfermoient le plus souvent que les locutions les plus vulgaires, et d'où les expressions hardiment figurées de la poésie et de l'éloquence étoient soigneusement écartées. On sera convaincu qu'il n'en pouvoit être autrement, quand on réfléchira que la rédaction de ce dictionnaire fut abandonnée à des académiciens, étrangers, par les habitudes de leur esprit et par le genre même de leurs connoissances, aux progrès que faisoit alors la langue entre les mains de quelques écrivains supérieurs, et jaloux de ces écrivains eux-mêmes dont l'éclat les importunoit : ajoutons que, parmi les membres de l'Académie, ceux-là s'abstinrent de toute participation à ce premier travail, qui seuls pouvoient avoir quelque autorité sur une langue enrichie et perfectionnée par eux. Voilà comment furent conçues et produites les premières éditions du Dictionnaire de l'Académie

Françoise, que tout le crédit et la considération littéraire dont jouissoit cette illustre compagnie purent à peine sauver des suites de l'indifférence qui l'accueillit à sa naissance.

Cependant, docile aux critiques qui l'avertirent de l'imperfection de son travail, l'Académie Françoise, ou plutôt les académiciens qu'elle en avoit chargés, rectifièrent dans les deux éditions subséquentes un grand nombre des fautes les plus grossières, et réparèrent plusieurs des omissions les plus graves. Mais l'obstination avec laquelle on suivit constamment le premier plan, de n'expliquer le sens et de ne justifier les acceptions d'un mot que par des phrases faites à ce dessein, au lieu d'en puiser les exemples dans les écrits mêmes des auteurs que l'Académie s'honoroit d'avoir possédés ou qu'elle comptoit encore parmi ses membres; cette opiniâtreté si peu réfléchie et si mal fondée fit que le Dictionnaire ne représenta jamais d'une manière satisfaisante les progrès de la langue, et surtout de l'idiome poétique et oratoire. Telle étoit encore l'édition de 1762, la dernière que l'Académie ait publiée en son nom et marquée de son sceau, et qui, donnée à une époque où n'avoient point paru tant d'excellents écrits de Rousseau, de Voltaire, de Buffon, de Delille et d'une foule d'auteurs dont les productions ont signalé cette dernière période du XVIIIe siècle, est encore sous d'autres rapports si incomplète et si défectueuse.

Le seul moyen approuvé par la raison et justifié par l'expérience pour composer un bon Dictionnaire de notre langue, est donc de revenir au plan conçu par Furetière, et depuis exécuté avec plus de succès encore en Angleterre et en Allemagne par Johnson et par Adelung, et qu'ont également suivi deux des plus doctes Académies de l'Europe, l'Académie de Madrid et celle *della Crusca* de Florence, dont l'autorité sur la langue de leur pays n'a jamais été contestée. Ce plan consiste à donner à la suite de chaque mot : 1° son étymologie exprimée en peu de paroles, et seulement dans les cas où elle est claire, certaine, ou du moins très-vraisemblable, et propre à expliquer le sens et l'usage de ce mot; 2° sa définition au moyen de synonymes qui en éclairent les diverses significations, ou de phrases qui en exposent clairement la signification propre et primitive; 3° les diverses acceptions rangées suivant la progression la plus naturelle et la plus logique; et 4° à l'appui de chacune de ces acceptions, des citations textuelles tirées des meilleurs écrivains en vers et en prose, avec l'indication exacte de l'endroit même où chaque citation est puisée, et disposées enfin dans l'ordre chronologique, afin de mieux marquer, outre l'emploi de chaque terme, les variations qu'il a subies dans son cours, l'époque où il a pris naissance, celle où il a cessé de paroître pour se reproduire de nouveau et se maintenir dans la circulation. Tel est le plan que l'on a suivi : ce plan, au reste, n'est, à peu de chose près, que celui-là même que Voltaire avoit, dès avant 1778, proposé et fait adopter à l'Académie, et dont il traçoit ainsi l'ébauche dans une de ses lettres (*voy.* t. XXXIX, p. 280, édit. in-8° de 1785) :

« J'aurois voulu rapporter l'étymologie naturelle et incontestable de chaque mot, comparer l'emploi, les » diverses significations, l'énergie de ce mot avec l'emploi, les acceptions diverses, la force ou la foiblesse du » terme qui répond à ce mot dans les langues étrangères; enfin citer les meilleurs auteurs qui ont fait usage » de ce mot, faire voir le plus ou le moins d'étendue qu'ils lui ont donnée, remarquer s'il est plus propre à la » poésie qu'à la prose. » A l'exception de la comparaison de chaque mot françois avec le mot correspondant des langues étrangères, comparaison longue, difficile, et dont il seroit impossible d'assigner le terme et de montrer l'utilité, ce que recommande ici Voltaire est précisément ce que l'on a tâché de faire.

Quant aux limites dans lesquelles a dû être renfermé le vocabulaire, on n'a pas cru pouvoir en admettre d'autres que celles du domaine même de notre langue. Un Dictionnaire, étant destiné à l'intelligence d'un idiome tout entier, doit offrir tous les mots que l'usage a adoptés pour cet idiome, ou qu'ont employés des écrivains estimables. L'exclusion de certains mots que le temps n'a pas encore consacrés, n'appartient à aucun individu, à aucun corps; et nous pensons qu'au-dessus de la juridiction que l'Académie s'est arrogée à cet égard, il est une autre autorité plus compétente et plus universellement avouée, celle des grands écrivains qui créent les langues ou qui les modifient, et celle même de l'usage, qui se joue dans la formation du langage et des lois qu'ont rendues les académies, et des règles qu'il a lui-même établies. Ainsi donc il a suffi de trouver un mot ou une acception d'un mot dans quelque auteur estimé, fût-il même de notre temps, pour admettre ce mot et cette acception dans le Dictionnaire, sans s'arrêter à une décision contraire, ou plutôt à une omission involontaire de l'Académie. L'on a eu d'autant moins de scrupules à cet égard, que les exemples étant tous empruntés aux meilleurs écrivains de notre langue, et par conséquent, à un très-petit nombre d'exceptions près, à des membres de l'Académie Françoise, tous les mots admis dans ce Dictionnaire ont l'autorité que cette compagnie tire de leurs écrits, et la sanction qu'elle pourroit elle-même leur donner.

On suivra, dans l'impression de cet ouvrage, l'ancienne orthographe de l'Académie, qui est celle de tous nos bons auteurs, celle des plus beaux monumens de notre art typographique; et d'ailleurs nous n'en connoissons point d'autre; car le changement proposé par Voltaire sur quelques terminaisons de mots est trop partiel et trop borné pour former un système, et pour mériter ce nom d'orthographe de Voltaire que quelques esprits superficiels s'obstinent encore à lui donner.

Les abréviations employées dans le cours du Dictionnaire, et dont on trouvera les principales dans le *Specimen* publié à la suite de ce *Prospectus*, seront expliquées dans une table générale placée au devant de l'ouvrage entier. Il suffira d'avertir ici, pour l'intelligence de celles de ces abréviations qui vont suivre, que les noms d'auteurs sont désignés par les initiales de chaque nom, et suivis du titre également abrégé de l'ouvrage duquel la citation est tirée. Le chiffre romain indique le tome de la collection des œuvres, ou, si c'est un poëme, l'acte ou le chant; dans ce dernier cas, le chiffre arabe indique la scène de l'acte; partout ailleurs la page du volume. On donnera, dans la table générale dont il vient d'être parlé, la liste exacte des éditions qui ont servi à la rédaction du Dictionnaire, afin que le lecteur puisse vérifier lui-même la fidélité et la justesse de chaque citation.

Le signe ☞ placé au devant d'une acception d'un mot, indique que cette acception a été omise dans le Dictionnaire de l'Académie, et ce signe * placé devant un mot, indique que ce mot manque dans le même Dictionnaire.

En soumettant cette partie de son travail à l'attention et au jugement des hommes instruits, M. RAOUL-ROCHETTE a eu surtout en vue de recueillir des observations propres à l'améliorer encore. Le temps qui doit nécessairement s'écouler entre la publication du *Specimen* et celle d'un ouvrage d'une étendue si considérable, mettra l'opinion publique à même de se fixer sur les principaux points qui ont été indiqués dans notre *Prospectus*; et l'éditeur recevra avec reconnoissance tous les avis qui pourront tendre à perfectionner une entreprise si utile à notre langue, et si intéressante pour tous les amis de notre littérature.

Cet ouvrage formera deux volumes in-4°, sur papier grand raisin collé, et sera d'une étendue double au moins de celle du Dictionnaire de l'Académie.

LE LIBRAIRE ÉDITEUR.

CONDITIONS DE LA SOUSCRIPTION.

Le premier volume paroîtra au mois de Décembre 1820, et le second un an après.

Le prix de chaque volume sera de 30 fr. pour les souscripteurs.

En retirant le premier volume on payera 40 francs, et on n'aura que 20 francs à payer en retirant le second.

La souscription sera ouverte jusqu'au premier Mars 1820; passé cette époque, le prix de chaque volume sera de 36 francs.

Il ne sera dérogé, sous aucun prétexte, aux conditions présentes de la souscription.

ON SOUSCRIT A PARIS,

CHEZ H. NICOLLE, *rue de Seine*, n° 12.

Dans les Départemens,

A Agen, ... chez NOUBEL. — CURRIUS.
Aix, ... LEBOUTEUX. — PONTHIÉ. — TERRIS.
Amiens, ... ALLO.
Angers, ... FOURIER-MAME. — PAVIE.
Angoulême, ... TRÉMEAU et Ce.— BROQUISSE.— J. LAROCHE.
Avignon, ... OFFRAY. — LATY.
Bayonne, ... GOSSE. — BONZOM. — CLUZEAU frères.
Besançon, ... DEIS. — BILLOTTE. — CHALANDRE. — GIRARD. — MOURGEON.
Beziers, ... CAMBON. — BOUSQUET.
Blois, ... AUCHER - ELOY.
Bordeaux, ... MELON. — BEAUME. — GASSIOT aîné. — Veuve BERGERET. — LAWALLE jeune et neveu.
Brest, ... EGASSE. — LEFOURNIER et DESPERRIERS.
Caën, ... LEBARON F. BLIN.
Chartres, ... HERVÉ.
Dijon, ... COQUET. — LAGIER.
Lille, ... VANACKERE. — MALO.

A Limoges, ... Bargéas. — Ardant.
Lyon, ... Bohaire. — Maire. — Perisse frères. — Millon.
Marseille, ... Maswert. — Chaix. — Camoin frères.
Metz, ... Devilly.
Montauban, ... Crosilhes. — Laforgue. — Rethoré.
Montpellier, ... Sevalle. — Gabon. — Seguin. — Veuve Durville.
Nantes, ... Forest. — Busseuil aîné. — Busseuil jeune.
Nismes, ... Melquiond. — Gaude.
Orléans, ... Monceau.
Perpignan, ... Alzine. — Ay. — Tastu.
Poitiers, ... Catineau. — Barbier. — Doussin Delys.
Rennes, ... Duchesne. — De Kerpen. — Molliex. Veuve Frout.
Rouen, ... Frère. — Renault. — Dumaine-Vallée.
Strasbourg, ... Levrault. — Fevrier.
Toulouse, ... Senac. — Gallon. — Vieusseux aîné. Prunet. — Bellegarigues.
Tours, ... Mame. — Letourmy. — D^lle^. Homo.
Valence, ... Marc Aurel. — Dourille *(De Crest)*.
Villeneuve sur Lot, . . . Crosilhes.

Dans l'étranger,

A Amsterdam, . . . chez Dufour et Cie. — S. Delachaux.
Berlin, ... Dunker et Humblot.
Breslau, ... Korn.
Bruxelles, ... Demat. — Lecharlier. — Berthot. — Stapleaux.
Florence, ... Piatti.
Francfort, ... J. Boselli. — Schæffer.
Genève, ... Manget-Cherbuliez. — Paschoud.
Lausanne, ... Fischer.
Leipzig, ... Cnobloch. — Grieshammer.
Londres, ... Bossange et Masson. — Dulau et Cie.
Manheim, ... Artaria et Fontaine.
Mayence, ... Leroux. — Graff.
Milan, ... Giegler.
Mons, ... Leroux.
Moscou, ... Riss. — Gauthier.
Naples, ... Borel.
Saint-Pétersbourg, . . . de Saint-Florent. — Ch. Weyher. — Pluchart. — Sleunine frères.
Turin, ... Bocca. — Pic.
Varsovie, ... Glucksberg.
Vienne, ... Schaumbourg.
Wilna, ... Zawadski. — Moritz.

DICTIONNAIRE UNIVERSEL

DE LA

LANGUE FRANÇOISE.

A. s. m. (l'*Acad.* dit qu'il est *indéclinable*, et qu'il ne prend point d'*s* au pluriel. Cependant, ailleurs, l'*Acad.* décide qu'il n'y a point en françois de cas, ni, par conséquent, de déclinaison proprement dite : d'où il suit que tous les mots de la langue françoise, aussi bien que le substantif *a*, sont indéclinables. Il falloit dire ici *invariable*, selon Laveaux, *Diction.*, au mot *A*. Le même grammairien donne la raison pour laquelle ce mot *A* ne prend point d'*s* au pluriel.

La première lettre de l'alphabet; la première des voyelles :

« Il y a des ouvrages qui commencent par *A*, et finissent par *Z.* » La Br. *Car.* ch. XI.

— Figurément, se dit avec une négation, des premiers élémens d'une science, d'un jeu, d'une chose quelconque ; et alors *A* est suivi de la seconde lettre de l'alphabet B :

« Au joli jeu d'amour ne sachant *A* ni B. »
Laf. *C.* II, 27.

« Qui ne sache *A* ne B, n'en déplaise à Madame,
» Et ne soit, en un mot, docteur que pour sa femme. »
Mol. *Fem. Sav.* V, 3.

— On dit *une panse d'*A, pour dire le commencement de la formation de la lettre *a*. (*Dict. Acad.*) Cette locution s'emploie avec les verbes *écrire*, *faire*, et une négation, pour exprimer qu'on n'a rien écrit, rien fait d'un ouvrage d'esprit auquel on devoit travailler, d'une composition quelconque dont on devoit s'occuper :

« Il a peut-être *écrit* depuis? = *pas* seulement *une* » *panse d'a.* » Genl. *Th.* III, 114.

A, son. s. m. Le son de l'*A* est celui qui se prononce dans la plus grande dilatation de la bouche :

« La voix *A* se forme en ouvrant fort la bouche, *A*, » — *A A*, oui » Mol. *Bourg. Gent.* II, 6.

Le son de l'*A* éprouve peu de variation dans les divers mots de notre langue où cette voyelle est employée. Cependant, dans certains mots, tels que *lame*, *trame*, etc., il se prononce plus lentement, ou d'une manière moins éclatante, que dans *face*, *race*, etc.

Dans un petit nombre de mots, où la voyelle *A* précède la voyelle O, la première ne se prononce pas. Ainsi, *aoriste*, *Saône*, *taon*, *août*, se prononcent comme s'ils étoient écrits *ôriste*, *Sône*, *tôn*, *oût*. Mais *a* se fait entendre dans *aoûter*. (Lav.)

A. Troisième personne du singulier du présent de l'indicatif du verbe *avoir*. (Voy. *Avoir.*) — S'emploie surtout dans cette locution commune, *il y a*, laquelle est un gallicisme, dont on ne peut rendre compte que comme d'une de ces catachrèses, introduites par l'usage dans la formation des langues. Dans cette phrase : *il y a des hommes qui*, *il* est un terme abstrait et général, comme *ce*, *on*, et autres termes métaphysiques, formés à l'imitation des mots qui expriment des objets réels : *y* vient de l'*ibi* du latin, et a la même signification, c'est-à-dire, *là*, *ici*, *dans le point dont il s'agit*. Ainsi cette phrase peut s'analiser et s'expliquer de cette manière : *il*, c'est-à-dire, l'être métaphysique, *a*, dans le point dont il s'agit, *des hommes qui*. (Laveaux.)

« *Il y a* le peuple qui est opposé aux grands, c'est la » populace et la multitude; *il y a* le peuple qui est opposé » aux sages, . . . ce sont les grands comme les petits. »
La Br. *Car.* ch. IX.

« *Il y a* des conjonctures où l'on sent bien qu'on ne sauroit trop attenter contre le peuple ; et *il y en a* d'autres » où il est clair qu'on ne sauroit trop le ménager. »
Id. *ibid.* ch. X.

A. prépos. dont l'usage primitif est de marquer un rapport à un terme, une relation d'un objet à un autre, et qui, dans ce sens, exprime le plus souvent dans notre langue ce que le datif exprimoit dans les déclinaisons latines. Elle s'emploie de cette manière :

1°. Après un verbe :

« Avant qu'un nœud fatal l'unît *à* votre frère,
» Thésée avoit osé la ravir *à* son père. ».
Rac. *Iphig.* IV, 4.

« *A* l'erreur de Roxane ai-je dû m'opposer ? »
Id. *Baj.* I, 4.

« Montrez *à* l'univers, en m'attachant *à* vous. »
Ibid. II, 1.

« *A* son trône, *à* son lit daigna l'associer. » *Ibid.*

« La foi que vous devez *à* ses mânes trahis,
» *A* sa veuve éperdue, *à* son malheureux fils. »
Volt. *Mérop.* I, 3.

« Il s'est soustrait *à* ma domination ; et, s'égalant *à* » moi par le désir de trouver sa félicité en lui-même, je » l'ai abandonné *à* lui. » Pasc. *Pens.* II, art. 5.

2°. Après un substantif :

« Ce même homme qui passe les jours et les nuits dans » la rage..... pour quelque offense imaginaire *à* son hon» neur. » Pasc. *Pens.* II, art. 2.

« C'est en vain, ô homme, que vous cherchez dans vous» même le remède *à* vos misères. » *Ibid.* art. 5.

« Son zèle et son attachement *à* ses intérêts. »
Fénél. *Tél.* II.

« Un honnête homme se paye par ses mains de l'appli» cation. . . . *à* son devoir. » La Br. *Car.* ch. II.

« Toute justice est une conformité *à* une souveraine » raison. » Id. *ibid.* ch. XV.

« Mon premier hommage *à* la divinité bienfaisante. »
J. J. R. *Em.* IV.

3°. Après un adjectif :

« Mais si ce même enfant, *à* tes ordres docile,
» Doit être *à* tes desseins un instrument utile. »
Rac. *Ath.* I, 3.

« Conforme *à* son aïeul, *à* son père semblable. »
Ibid. V, 6.

« Tu vois combien son cœur ; prêt *à* le protéger,
» A retenu mon bras, trop prompt *à* le venger. »
Id. *Bajaz.* IV, 7.

« Et lents *à* le venger, prompts *à* remplir sa place. »
Id. *Mithr.* I, 3.

4°. Après un adverbe :

« Relativement *à* de certaines qualités, il y a une varia» tion bizarre dans la succession des individus. »
Buff. *Quadr.* VI, 27, Lac.

« Régulus aimoit la patrie exclusivement *à* soi. J. J. R.

5°. Après une autre préposition. (Voyez-en plus bas des exemples.)

— Dans ce sens, la préposition *à* devient un mot composé par sa jonction avec l'article singulier *le* et avec l'article pluriel *les*. Dans le premier cas, on écrit *au*, pour *à le*, et, dans le second, *aux*, pour *à les*. L'usage de ces deux mots est le même que celui de la préposition *à*, après les cinq espèces de mots ci-dessus indiquées :

1°. « Je vais l'offrir *au* dieu par qui règnent les rois. »
Rac. *Ath.* I, 2.

« Elle trahit mon père et rendit *aux* Romains. »
Id. *Mithr.* I, 1.

« Un rigoureux devoir me condamne *au* silence. »
Ibid. II, 6.

2°. « Sans qu'elle eût d'autres droits *au* rang d'impé» ratrice. » Rac. *Baj.* II, 1.

« Grâces *au* ciel, mes mains ne sont point criminelles. »
Id. *Phèd.* I, 3.

« Une diligente attention *aux* moindres besoins de la » république. » La Br. *Car.* ch. X.

« La mort est le remède *aux* maux que vous vous faites. »
J. J. R. *Em.* IV.

« Grâce *au* ciel, j'ai fini cette ennuyeuse tâche. »
Id. *Let. à Beaum.*

3°. « Funeste *aux* gens de bien, *aux* riches, *au* sénat. »
Corn. *Cin.* I, 2.

« Le chemin est encore ouvert *au* repentir. »
Rac. *Baj.* II, 1.

4°. « Il se loge, il s'habille convenablement *aux* saisons. »
Buff. *Quadr.* VI, 51, Lac.

« Avoir raison exclusivement *au* reste du genre humain. J. J. R. *Em.* IV.

5°. (Voy. plus bas.)

Sous ce même rapport, *à* s'emploie dans plusieurs phrases elliptiques, lorsqu'un danger ou un intérêt pressant oblige de n'exprimer que l'idée principale, en supprimant des idées accessoires que l'esprit supplée aisément, comme : *à moi! au feu! aux armes!* (*Dict. Acad.*) :

« *à moi!* Girot ; je veux que mon bras m'en délivre. »
Boil. *Lut.* IV.

« L'enfant lui crie : *au secours!* je péris. »
Laf. *Fab.* I, 19.

« Charles éveillé, Charles bouillant d'ardeur,
» Ne lui répond qu'en s'écriant : *aux armes!* »
Volt. *Puc.* II.

☞ On a dit de même, par imitation de cette tournure vive et rapide :

« J'entends déjà sonner le beffroi des villes et crier *à* » l'alarme. » La Br. *Car. ch.* X.

« Les ennemis des Jésuites crièrent *à* l'arianisme. »
d'Alemb. *Dest.* 157.

Dans toutes les autres acceptions du mot *A*, il équivaut à une préposition qui exprime différens rapports de situation, de temps, de lieu, de mouvement, etc. *Dict. Acad.* (La critique que fait Laveaux, pag. 2-3, de cette façon de déterminer les diverses acceptions de la préposition *à*, est plus subtile que juste et nécessaire. Nous suivrons donc la méthode adoptée par l'*Académie*, et que confirme l'observation de La Harpe (*Commentaire sur* Racine) : « Cette préposition *à* est d'une » grande latitude dans notre langue ; elle repré» sente également *par*, *pour*, *dans*, suivant l'oc» casion et l'analogie. »)

1°. A mis pour *après* :

« L'hirondelle leur dit : Arrachez brin *à* brin. »
Laf. *F.* I, 8.

« Si l'on vouloit *à* chaque pas
» Arrêter un conteur d'histoire. »
Id. *C.* I, 1.

« Les oiseaux deux *à* deux errants dans les bocages,
» Remplissoient de chants gais les voûtes des ombrages »
Lamb. *Sais.* I.

« Au sein d'Antiparos tu filtres goutte *à* goutte. »
Del. *Imag.* V.

« Cet autre, dont vous voyez l'image, augmente d'année *à* autre de réputation. » La Br. *Car.* ch. X.

« Il cueille les herbes et les fleurs seules, choisissant une *à* une. » Buff. V, 177.

« Qu'importe qu'on donne mon Russe tome *à* tome ou tout en bloc ? » Volt. LXXIII, 243.

« On les faisoit sortir un *à* un d'une enceinte où ils étoient renfermés. » Id. XVIII, 10.

☞ 2°. Pour *d'après*, à raison de, à cause de :

« *A* l'œuvre on connoît l'artisan. »
Laf. *F.* I, 20.

« . . . . . Doris, *à* ce silence
» Ne reconnois-tu pas un père qui balance ? »
Rac. *Iphig.* IV, 1.

« J'entrevois vos mépris, et juge, *à* vos discours. »
Ibid. 6.

« Vous devez *à* ces mots reconnoître Pharnace. »
Id. *Mithr.* I, 2.

« . . . . Qu'à sa mine discrète,
» Et son maintien jaloux, j'ai reconnu poëte. »
Boil. *Sat.* III.

« . . . . La curiosité
» Vous pourra coûter cher, *aux* sentiments qu'il montre. »
Regn. *Distr.* III, 8.

« *A* ces paroles toute l'assemblée parut émue. »
Fén. *Tél.* XI.

« L'on contemple dans les cours de certaines gens, et l'on voit bien *à* leurs discours et *à* toute leur conduite.... »
La Br. *Car.* ch. VIII.

« *A* cette raison, les droits les plus sacrés s'évanouissent. » Massil. *Dict. Planche.*

« J'eus lieu de comprendre, *aux* reproches dont ma disgrâce fut accompagnée.... » J. J. R. *Em.* IV, 217.

« *Aux* yeux étincelants et inquiets du tigre, on distingue sa férocité et sa perfidie. »
Bern. St. P. III, 146.

3°. — Pour *avec* :

« On s'introduit bien mieux *à* titre de vaillant. »
Corn. *Ment.* I, 1.

« Je m'en serois *à* bon droit défié. »
Laf. *C.* I, 1.

« Parlons *à* cœur ouvert. » Regn. *Distr.* V, 8.

« Je fais *à* petit bruit mon chemin en douceur. »
Id. *ibid.* I, 6.

« Lui-même, *à* haute voix, viendra la demander. »
Rac. *Iphig.* I, 5.

« Je voulois votre fille, et ne pars qu'*à* ce prix. »
Ibid. IV, 6.

« La servoit *à* dessein de la perdre elle-même. »
Id. *Baj.* V, 11.

« Et se plaignant *à* moi de ce reste de vie. »
Id. *Mithr.* V, 4.

« . . . . et ce peuple, *à* sa honte,
« *Au* mépris de nos lois penche vers Polyphonte. »
Volt. *Mér.* I, 2.

« Le mystère du Rédempteur, qui,.... a retiré les hommes de la corruption du péché, pour les réconcilier *à* Dieu en sa personne divine. »
Pasc. *Pens.* II, art. 4.

« Il n'hésita pas *à* favoriser son évasion, *au* risque de se faire un dangereux ennemi. » J. J. R. *Em.* IV. 214.

« La main qui m'en tira, mérite bien qu'*aux* dépens d'un peu de honte, je rende quelque honneur *à* ses bienfaits. » *Ibid.*

« Le remords nous reproche toujours foiblement ce que nous permet la nature bien ordonnée ; *à* plus forte raison, ce qu'elle nous proscrit. » *Ibid.* 216.

« Je mets sous ses yeux un instrument *à* cordes. »
Ibid. 244.

« Fermer sa porte *aux* deux verroux. » Chab. *Tabl.* 31.

☞ 4°. Pour *chez*, *parmi* :

« Mais qu'*aux* femmes l'erreur n'étoit pas inouïe. »
Regn. *Leg.* III, 2.

« C'est modestie *à* eux, de ne promettre pas encore plus largement. » La Br. *Car.* ch. IX.

« *A* quelques-uns l'arrogance tient lieu de grandeur. »
Id. *ibid.* ch. XI.

« La dévotion vient *à* quelques-uns, et surtout *aux* femmes, comme une passion. » Id. *ibid.* III.

☞ 5°. Pour *dans*, *en* :

« Rome entière noyée *au* sang de ses enfants. »
Corn. *Cinn.* I, 3.

« Seule, il l'avoit laissée *à* la maison. »
Laf. *C.* I, 3.

« Et votre bouche encor muette *à* tant d'ennui. »
Rac. *Andr.* IV, 2.

(La Harpe, *Comment. sur Rac.*, désapprouve cet emploi de la préposition *à*.)

« Qui, la flamme *à* la main, et de meurtres avide. »
Id. *Iphig.* II, 5.

« Me croit-il *à* sa suite indigne de paroître ? »
Ibid. III, 2.

« Il n'étoit point *à* Sparte, entre tous ces amants. »
Ibid. II, 3.

« Mais je m'assure encore *aux* bontés de ton frère. »
Id. *Baj.* II, 1.

(Cette locution paroît peu correcte à La Harpe.)

« Que sais-je ? *à* ma douleur je chercherai des charmes. »
Ibid. II, 5.

« Tels que j'en vois paroître *au* cœur de ces amants. »
Ibid. III, 2.

« Le roi, qui m'attendoit *au* sein de ses états. »
Id. *Mithr.* I, 3.

« Vous seul, qu'*aux* grands desseins que mon cœur se propose,
« J'ai choisi dès long-temps pour digne compagnon. »
Ibid. II, 5.

« L'amour a peu de part *à* ses justes soupçons. »
Ibid. IV, 1.

« Il a su m'aborder, et, les larmes *aux* yeux. »
Ibid. IV, 2.

« Vous qui gardant *au* cœur d'infidèles amours. »
Ibid. IV, 4.

« Porter un nouveau trouble *à* mon cœur éperdu. »
Volt. *Mér.* I, 1.

« Qu'il règne *au* lieu de moi ; voilà ma récompense. »
Ibid.

« Chacun de ses rivaux, dans son pouvoir borné,
« *A* son unique emploi demeure confiné. »
Del. *Imag.* I.

« Tel *au* miroir des eaux notre œil voit retracés. »
Ibid.

« Et les dons de l'aumône *aux* mains de la Victoire. »
Ibid.

« L'homme ne sait *à* quel rang se mettre. »
Pasc. *Pens.* II, 5.

« Cet ouvrage a été fait *à* deux fois. » Boss. IX, 522.

« Le merveilleux, l'héroïque, ont été employés *à* son éloge. » La Br. *Car.* ch. VIII.

« *A* la cour, *à* la ville, mêmes passions, mêmes foiblesses. » Id. *Ibid.* ch. IX.

« Quand vous vous tromperiez de même, il y auroit peu de mal *à* cela. » J. J. R. *Em.* IV.

« Le mal que l'homme fait retombe sur lui, sans rien changer *au* système du monde. » *Ibid.*

« Il (Dieu) mit *à* ses actions la moralité qui les ennoblit. »
Ibid.

☞ 6°. Pour *de* :

« Chez une autre belette *aux* oiseaux ennemie. »
Laf. *Fab.* II, 5.

« Le ciel s'est fait sans doute une joie inhumaine
» *A* rassembler sur moi tous les traits de sa haine. »
Rac. *Iphig.* II, 1.

(Cette locution est blâmée par l'abbé d'Olivet et par La Harpe.)

« Je tremble *à* vous nommer l'ennemi qui m'opprime »
Id. *Mithr.* I, 2.

« Vous cependant, tâchez, avec des airs plus doux,
» *A* mériter le choix qu'on peut faire de vous. »
Regn. *Distr.* I, 6.

« Il coûte si peu aux grands *à* ne donner que des paroles. »
La Bruy. *Car.* ch. IX.

(Cette construction ne seroit plus employée maintenant.)

☞ 7°. Pour *devant* :

« Verra-t-il *à* ses yeux son amante immolée ? »
Rac. *Iphig.* I, 1.

« *A* la face des dieux l'accepter pour époux. »
Id. *Phèd.* V, 6.

« Dussiez-vous présenter mille morts *à* ma vue. »
Id. *Mithr.* III, 1.

« *A* cette image sanglante
» Il soupire nuit et jour. » J. B. R. *Od.*

« *A* cet air vénérable, *à* cet auguste aspect,
» Les meurtriers surpris sont saisis de respect. »
Volt. *Henr.* II.

☞ 8°. Pour *entre* :

« Car *à* cinq chevaliers, en nous cotisant tous,....
» Nous n'avons encor pu faire que deux pistoles. »
Regn. *Distr.* I, 6.

☞ 9°. Pour *envers*, *à l'égard* ;

« Je me sens obligée *à* votre honnêteté. »
Regn. *Distr.* II, 6.

« Je ne vous presse point de vouloir aujourd'hui
» Me prêter votre voix pour m'expliquer *à* lui. »
Rac. *Baj.* I, 3.

« Eh quoi ! vous avez pu, trop cruelle *à* vous-même. »
Id. *Mithr.* V, 1.

« Je fus sourde *à* la brigue et crus la renommée. »
Id. *Brit.* IV, 2.

« Friande de l'intrigue, et tendre *à* la fleurette. »
Mol. *Ec. des Mar.* II, 9.

« Mais un cœur *à* leurs vœux moins facile et moins tendre. »
Id. *Mis.* II, 1.

« Qu'il se trouve des hommes indifférens *à* la perte de leur être, et *au* péril d'une éternité de misère, cela n'est point naturel. » Pasc. *Pens.* II, art. 3.

« Il faut qu'elle nous rende raison de l'opposition que nous avons *à* Dieu et *à* notre propre bien. » *Ibid.* art. 5.

« Il est sévère et inexorable *à* qui n'a pas encore fait sa fortune. » La Br. *Car.* ch. IX.

« Ses amis, dont le nombre est petit, *à* qui elle est sévère. » Id. *Ibid.* ch. III.

« Il envoie s'excuser *à* ses amis. » *Ibid.* ch. X.

« Un homme dur *au* travail et *à* la peine, inexorable *à* soi-même, n'est indulgent *aux* autres. » Id. *Ibid.* ch. XV.

« Jamais peuple n'a été plus constant, plus sincère,..... plus commode *à* tous les étrangers. » Fénél. *Tél.* III.

« De ce premier retour sur moi naît.... mon premier hommage *à* la divinité bienfaisante. » J. J. R. *Em.* IV.

10°. Avec le sens de *par* :

« Mes pareils *à* deux fois ne se font pas connoître. »
Corn. *Cid.* II, 2.

« Oui, ma bile s'échauffe *à* toutes ces fadaises. »
Mol. *Tart.* II, 2.

« Je me laissai conduire *à* cet aimable guide. »
Rac. *Iphig.* II, 1.

« Le sang, *à* ces objets, facile *à* s'ébranler. »
Ibid. IV, 1.

« *Au* seul son de sa voix, la mer fuit, le ciel tremble. »
Id. *Esth.* I, 3.

« Bajazet *à* vos soins tôt ou tard plus sensible,
» Madame, *à* tant d'attraits n'étoit pas invincible. »
Id. *Baj.* V, 6.

(Cette construction, favorable autant que propre à la poésie, se reproduit souvent avec les adjectifs *infatigable*, *inébranlable*, *inabordable*, etc. *Voy.* l'observation de La Harpe. Ajoutons que la même construction avec le même adjectif, *invincible*, se trouve dans Pascal :

« Nous avons une impuissance à prouver *invincible à* tout le dogmatisme ; nous avons une idée de la vérité *invincible à* tout le pyrrhonisme. » *Pens.* II, art. 3.)

« Ne me préparez point la douleur éternelle
» De l'avoir fait répandre *à* la main paternelle. »
Id. *Phèd.* IV, 4.

« Qu'on le lie, ou je crains, *à* son air furieux,
» Que ce nouveau Titan n'escalade les cieux. »
Boil. *Sat.* IV.

« *A* ces mots, mais trop tard, reconnoissant ma faute. »
Id. *Sat.* III.

« L'oiseau madré la connut *à* la mine,
» *A* son œil prude, ouvert en tapinois,
» *A* sa grand'coiffe, *à* sa fine étamine,
» *A* ses gants blancs, *à* sa mourante voix. »
Gress. *V. V.* 3.

« Et méritez sa mère *à* force de vertu. » Volt. *Mér.* I, 3.

« Vous vous laissez vaincre *à* votre malheur. »
Fénél. *Tél.* II.

« Vous auriez cru que les rochers attendris alloient descendre du haut des montagnes *aux* charmes de ses doux accens. » Id. *ibid.*

« Ils se tirent de la conversation en ne s'y mêlant point ; ils plaisent *à* force de se taire. » La Br. *Car.* ch. VIII.

« Avec un esprit sublime, une doctrine universelle, une probité *à* toute épreuve. » *Ibid.*

« On l'attire, on la leurre aisément par des appâts ; on la tue *à* milliers. » Buff. VI, 197.

11°. Avec le sens de *pour*, devant un nom, et de *afin de* devant un verbe :

« Et tiens son alliance *à* singulier honneur. »
Mol. *Fem. Sav.* II, 4.

« Cent bruits semés de vous, fâcheux *à* votre gloire. »
Regn. *Distr.* IV, 6.

« Prenons quelque plaisir *à* leur être importune. »
Rac. *Iphig.* II, 1.

« Madame, *à* vous servir, je vais tout disposer. »
Ibid. III, 7.

« Et de ma mort enfin le prenant *à* partie. »
Ibid. V, 6.

« Je vois qu'*à* l'excuser votre adresse est extrême. »
Id. *Baj.* III, 6.

« Tous deux d'intelligence *à* nous sacrifier. »
Id. *Mithr.* IV, 4.

« Avez-vous tant de peine *à* vous l'imaginer ? »
Ibid. II, 6.

« Sans perdre ici le temps *à* me persuader. »
Ibid. IV, 2.

« Qui daignez par égard *au* déclin de mes ans. »
Volt. *Tancr.* I, 1.

(Cette construction ne semble pas correcte ;

du moins en prose ne seroit-elle point permise. Regnard, *Distr.* II, 7, l'a aussi employée :

« . . . . et sans égard *aux* frais,
» Elle vous le rendroit avec les intérêts. »

« C'est la source des combats des philosophes, dont les
» uns ont pris *à* tâche d'élever l'homme. » Pasc. *Pens.* II, 4.

« Connoissez donc, ô homme, quel paradoxe vous êtes
» *à* vous-même. » *Ibid.* art. 2.

« Je considère,.. quelle peine ont les personnes de mérite
» *à* en approcher (des grands). » La Br. *Car.* ch. IX.

« Tout est tentation *à* qui la craint. » Id. *ibid.* ch. III.

« Il est ravi de lui être bon *à* quelque chose. » *Ibid.*

« Ses amis, qu'il a la veille conviés *à* dîner. »
Ibid. ch. X.

« Celui qui ne se sert pas de son bien *à* marier ses filles,
» *à* payer ses dettes, ou *à* faire des contrats. » *Ibid.* VI.

« Ces deux hommes si vénérables furent un spectacle
» touchant *à* tant de peuples assemblés. » Fénél. *Tél.* X.

« Nous en prîmes tous les dieux *à* témoin. » Id. *ibid.*

« Je marquai de l'empressement *à* l'entendre. »
J. J. R. *Em.* IV, 215.

« Si je me trompe, c'est de bonne foi; cela suffit pour
» que mon erreur ne me soit pas imputée *à* crime. » *Ibid.*

« Sans me tourmenter *à* les éclaircir, quand elles ne
» mènent *à* rien d'utile pour la pratique. » *Ibid.*

« On n'en seroit que plus embarrassé *à* imaginer la pre-
» mière cause de tout mouvement. » *Ibid.*

12°. Avec le sens de *selon*, *suivant* :

« Celle que je prendrois, voudroit qu'à sa façon
» Je vécusse, et non *à* la mienne. » Laf. *Fab.* I, 17.

« Je le mène *à* ma fantaisie. » *Ibid.* II, 9.

« Donc, *à* votre calcul, ô ma trop digne femme ! »
Mol. *Sgan.* 6.

« Je puisse de mon sort disposer *à* mon choix. »
Rac. *Mithr.* V, 2.

« Mesurez vos malheurs *aux* forces d'Atalide. »
Id. *Baj.* II, 5.

« Un moment, *à* mon tour, ne vous puis-je arrêter ? »
Id. *Iphig.* II, 2.

« Thésée, *à* tes fureurs, connoîtra tes bontés. »
Id. *Phèd.* IV, 2.

« Nous le laissions mourir *à* sa commodité. »
Regn. *Distr.* II, 1.

« *A* mon avis, l'hymen et ses liens
» Sont les plus grands ou des maux ou des biens. »
Volt. *Enf. Prod.* II, 1.

« Qu'on me laisse *à* mon gré, n'aspirant qu'à la gloire. »
Pir. *Métrom.* III, 5.

« S'il a le visage plus ouvert, s'il me fait moins attendre
» dans son antichambre qu'*à* l'ordinaire. »
La Br. *Car.* ch. VIII.

« Il n'y a pas trop de toute sa puissance pour punir,
» s'il mesure sa vengeance *au* tort qu'il a reçu. »
Id. *ibid.* ch. IX.

« Celui *à* qui ils ont recours n'est guère un homme
» sage, ou habile, ou vertueux; c'est un homme *à* la
» mode. » *Ibid.*

« La terre... augmente sa fécondité *à* proportion du
» nombre de ses habitants. » Fénél. *Tél.* XIX.

« *A* la première inspection, nous ne découvrons en tout
» cela aucune régularité, aucun ordre. » Buff. V, 25.

« L'assentiment intérieur s'y prêtoit ou s'y refusoit *à*
» différentes mesures. » J. J. R. *Em.* IV.

« Non, Dieu de mon âme, je ne te reprocherai jamais
» de l'avoir faite *à* ton image. » *Ibid.*

« L'on est sûr de manger *à* sa faim. »
Flor. *D. Q.* II, ch. 25.

13°. Avec le sens de *sous* :

« Et nous foulant *aux* pieds jusques au fond des eaux. »
Laf. *Fab.* II, 4.

« Le vice impunément, dans le siècle où nous sommes,
» Foule *aux* pieds la vertu. » Pir. *Métr.* III, 6.

14°. Avec le sens de *sur* :

« Mais, Zaïre, je puis l'attendre *à* son passage. »
Rac. *Baj.* I, 4.

« . . . . . laissez-moi me le représenter
» *Au* trône où mon amour l'a forcé de monter. »
Ibid. III, 1.

« Son diadème *au* front, et, dans le fond du cœur. »
Id. *Mithr.* II, 1.

« Vous mourûtes *aux* bords où vous fûtes laissée. »
Id. *Phèd.* I, 3.

« Autant qu'un homme assis *au* rivage des mers. »
Boil. *Long.* ch. VII.

« Au cabaret? — c'est là mourir *au* champ d'honneur. »
Regn. *Distr.* II, 5.

« Je l'avois ce matin en montant *à* cheval. »
Ibid. II, 4.

« C'est son visage que l'on voit *aux* almanachs repré-
» senter le peuple. » La Br. *Car.* ch. VII.

« Il y a une chasse publique, ... le voilà *à* cheval. »
Id. *ibid.*

« Un homme que l'on croiroit jeter *à* terre du moindre
» souffle. » Id. *ibid.* ch. XII.

« Les uns ont fait naufrage *au* promontoire de Ca-
» pharée. » Fénél. *Tél.* X.

15°. Avec le sens de *vers* :

« Seigneur, je viens *à* vous, pleine d'un juste effroi. »
Rac. *Phèd.* IV, 4.

« Gardez-vous d'envoyer la princesse *à* son père. »
Id. *Iphig.* III, 5.

« Ne peut-elle *à* l'autel marcher que sur vos pas ? »
Ibid. IV, 3.

« Je méditois ma fuite *aux* terres étrangères. »
Id. *Baj.* III, 2.

« On a couru, madame, *aux* rives du Pénée,
» Dans les champs d'Olympie, *aux* murs de Salmonée. »
Volt. *Mér.* I, 2.

« Dans ce premier âge du monde, ils se laissèrent em-
» porter *à* toutes sortes de désordres. »
Pasc. *Pens.* II, art. 4.

« Quelles grandes démarches ne fait-on pas *au* despotique
» par cette indulgence ? » La Br. *Car.* ch. X.

« Je reviens *à* moi, et je cherche quel rang j'occupe dans
» l'ordre des choses. » J. J. R. *Em.* IV.

— La préposition *A* est encore susceptible de plusieurs significations, ou propre à plusieurs usages, qu'il est moins facile de spécifier.

1°. Placée entre deux noms de nombre, elle indique le nombre intermédiaire, et a le sens de *environ* :

« Si les ennemis viennent de perdre une bataille, où il
» soit demeuré sur la place ... neuf *à* dix mille hommes. »
La Br. *Car.* ch. X.

« Il est demeuré de part et d'autre neuf *à* dix mille chats
» sur la place. » Id. *ibid.* ch. XII.

« Une jeune femme de vingt-cinq *à* soixante ans. »
Le S. *Crisp. Riv.* 3.

(L'*Acad.* autorise cette locution : *Il y avoit six à sept femmes dans cette assemblée ;* Domergue et d'autres grammairiens la censurent, et Laveaux la défend. Les motifs de ce dernier, pour la justifier, ne paroissent pas plus solides que ceux des autres pour la blâmer. La meilleure raison qu'on puisse donner, et qui décide en faveur de cette locution, c'est qu'elle a été adoptée par l'usage. Mais il est douteux qu'on en trouve des exemples dans nos bons écrivains.

La Bruyère, dans une phrase semblable, emploie la particule *ou* au lieu de la préposition *à* :

« Je suis étonné de voir jusques à sept *ou* huit personnes
» se rassembler sous un même toit. » *Car.* ch. XI.

☞ 2°. Entre deux substantifs identiques, elle indique une opposition ou une analogie :

« Il y a un commerce ou un retour de devoirs du souve-
» rain *à* ses sujets, et de ceux-ci *au* souverain. »
La Br. *Car.* ch. X.

« Ce n'est ni comme de maître *à* maître, ni comme de
» disciple *à* disciple, ainsi que vous me le mandez; mais
» comme de maître *à* disciple, que vous m'avez envoyé
» votre livre. » Sacy, *Pline*, VIII, 7.

« Les magistrats doivent rendre la justice de citoyen *à*
» citoyen; chaque peuple la doit rendre lui-même de lui *à*
» un autre peuple; ... de peuple *à* peuple, il est rarement
» besoin de tiers pour juger, parce que les sujets de dispute
» sont presque toujours clairs et faciles à terminer. »
Mont. *L. P.* 95.

« Il y a, de peuple *à* peuple, une prodigieuse diversité
» de mœurs, de tempéramens, de caractères. »
J. J. R. *L. à d'Alemb.*

☞ 3°. *A*, devant un nom formant une phrase incidente, sert à déterminer le moment ou le mode d'accomplissement, ou bien le motif de l'action exprimée par la phrase principale :

« La sultane, *à* ce bruit, feignant de s'effrayer. »
Rac. *Baj.* I, 1.

« J'aime; *à* ce nom fatal, je tremble, je frissonne. »
Id. *Phèd.* I, 3.

« *A* tous ces beaux discours, j'étois comme une pierre. »
Boil. *S. III.*

« Il commande; *à* sa voix, accourent tous les arts. »
Del. *Imag.* V.

« *A* l'arrivée de la reine, la persécution se ralentit. »
Boss. *Or. de la R. d'Angl.*

« *A* ces paroles, Télémaque laisse relever Adraste. »
Fénél. *Tel.* XX.

« *A* la première lueur de fortune, ses maux et ses pro-
» tecteurs furent oubliés. » J. J. R. *Em.* IV.

« *A* cette idée horrible, tout mon sang s'allume. »
Id. *L. à M. de Beaum.*

« *A* la clarté de la lune, dont un rayon s'échappoit
» entre deux nuages, j'entrevois une grande figure blanche
» penchée sur moi. » Chat. *Atala.*

☞ 4°. *A*, après un adjectif, et devant un nom, indique l'opposition ou l'analogie qui existent entre l'état de l'âme exprimé par cet adjectif, et la chose désignée par ce nom :

« Muet *à* mes soupirs, tranquille *à* mes alarmes,
» Sembloit-il seulement qu'il eût part *à* mes larmes ? »
Rac. *Andr.* V, 1.

(Voy. la remarque de La Harpe sur cette construction, qui, par sa hardiesse, semble ne pouvoir convenir qu'à la poésie.)

5°. *A*, placé entre deux noms de choses ou de personnes, sert à indiquer un rapport entre la nature ou la destination de ces choses, la manière d'être, d'agir de ces personnes :

« Qu'un homme *à* paragraphe est un joli galant ! »
Corn. *Ment.* I, 1.

« L'homme *au* trésor arrive, et trouve son argent. »
Laf. IX, *F.* 16.

« La cicogne *au* long bec n'en put attraper miette. »
Ibid. I, 18.

« En un vase *à* long col, et d'étroite embouchure. »
Ibid.

« Deux coursiers *à* longues oreilles. » *Ibid.* II, 10.

« ... pour vous faire croire homme *à* bonne fortune,
» Vous passez en hiver les nuits au clair de lune. »
Regn. *Distr.* IV, 6.

« La perfidie *au* coup d'œil concerté,
» et la malice *au sourire* emprunté. » J. B. R. *Épît.* 1.

« Toutes les fois qu'un homme *à* grand caractère est à la
» tête d'une nation, les esprits s'agitent. »
Thom. *Ess.* XVIII, 297.

« Toutes les manières pathétiques et fortes, dont les
» gens *à* passions s'expriment. » *Ibid.* XXXVIII, 393.

« Après mon premier discours, j'étois un homme *à* para-
» doxes. » J. J. R. *Lett. à Beaum.*

« Gens *à* préjugés, est-ce d'un prêtre, est-ce en Italie,
» que vous eussiez espéré tout cela ? » Id. *Em.* IV.

6°. *A* placé entre deux noms, soit de choses, soit de personnes, indique un rapport de propriété :

« Je ne suis plus *à* moi, je suis tout *à* la rage. »
Mol. *Mis.* IV, 3.

« Se piquer d'avoir un ancien château *à* tourelles, *à*
» créneaux, et *à* mâchecoulis. » La Br. *Car.* ch. VIII.

« Cette fameuse Thèbes *à* cent portes, où demeuroit ce
» grand roi. » Fénél. *Tél.* II.

« Il n'inventoit pas ses contes; mais il avoit un style *à*
» lui. » Volt. LXXXII, 174.

« Apportez la bouteille *à* l'eau-de-vie. »
Dider. *Jacq.* I, 237.

☞ 7°. *A*, devant un infinitif, mis d'une manière absolue, donne au verbe la forme de l'impératif, et sert à exprimer la vivacité de l'action :

« Finissons; mais demain, muse, *à* recommencer. »
Boil. *Sat. VII.*

8°. *A*, placé entre un nom et un verbe à l'infinitif, indique le rapport, la convenance, l'analogie, entre la chose dont il est question, et l'action exprimée par le verbe, au moyen de l'ellipse des mots *propre*, *bon*, etc.

« Sur les rives de l'Orne un berger amoureux,
» . . . .
» Tourmenté de ses maux, accablé de ses chaînes,
» Cherchoit une retraite *à* soupirer ses peines. »
Segrais, *Eglog. VI.*

« Le reste est un prétexte *à* soulager ma peine. »
Corn. *Poly.* II, 1.

« Et de lui faire des adieux
» *A* tirer les larmes des yeux. »
Laf. *C.* I, 1.

« Ah ! ma sœur, c'est une aventure
» *A* faire perdre la raison. » Mol. *Psyc.* I, 1.

« Le corps, cette guenille, est-il d'une importance,
» D'un prix, *à* mériter seulement qu'on y pense ? »
Id. *Fem. Sav.* II, 7.

« Cette longue lunette *à* faire peur aux gens. » *Ibid.*

« J'ai des raisons *à* faire approuver ma conduite. »
Ibid. 8.

« Est-ce un forfait *à* décrier ma veine ? »
J. B. R. *Épît.* 1.

« D'un rang et d'une naissance *à* donner des exemples,
» plutôt qu'*à* les prendre d'autrui, et *à* faire les règles,
» plutôt qu'*à* les recevoir. » La Br. *Car. ch.* IX.

9°. *A*, placé de cette manière, donne quelquefois au présent de l'infinitif actif la force du futur de l'infinitif passif :

« Qu'Amurat ne soit pas plus *à* craindre que lui. »
Rac. *Baj.* IV, 5.

« J'ai cru n'avoir au ciel que des grâces *à* rendre. »
Id. *Iphig.* II, 2.

« J'ai votre fille ensemble et ma gloire *à* défendre. »
Ibid. IV, 6.

« Ses conseils sont *à* craindre, et, si vous les croyez,
» Pensant fuir un écueil, souvent vous vous noyez. »
Boil. *A. P.* IV.

« Vous avez deux choses *à* perdre, le vrai et le bien;
» et deux choses *à* engager, votre raison et votre vo-

» lonté ; … et votre nature a deux choses à fuir, l'erreur » et la misère. » Pasc. *Pens.* II, art. 3.

« Quel fond à faire sur un personnage de comédie ? » La Br. *Car.* ch. VIII.

« Les ennemis, autant de monstres à assommer. » Id. *ibid.* ch. X.

« Il n'y a presque pas un livre, où il n'y ait des mensonges à effacer. » Thom. *Ess.* XXXVIII, 408.

10°. *A*, placé de même entre un nom de chose ou de personne et un verbe à l'infinitif, sert à marquer le rapport ou l'opposition entre la nature de cette chose et l'action exprimée par le verbe, au moyen de l'ellipse des mots *digne*, *capable* :

« C'est un homme à jamais ne me le pardonner. » Mol. *Mis.* II, 2.

« Je ne suis pas à jeter dans la rue. » Laf. *C.* I, 7.

« Valère n'est pas homme à quitter la partie. » Regn. *Bal.* 8.

11°. *A*, joint avec un verbe à l'infinitif, lui donne le sens du gérondif, et se met :

(1) Absolument, au commencement ou dans le cours de la phrase :

« *A* raconter ses maux, souvent on les soulage. » Corn. *Poly.* I, 3.

« *A* vaincre sans péril, on triomphe sans gloire. » Id. *Cid*, II, 3.

« Ses rois, à vous ouïr, m'ont paré d'un vain titre. » Rac. *Iphig.* IV, 6.

« Je tremble qu'Athalie, à ne vous rien cacher. » Id. *Ath.* I, 1.

« Je connois ce malheur ; mais, à ne point mentir. » Id. *Baj.* I, 4.

« Cependant, à le voir avec tant d'arrogance
» Vanter le faux éclat de sa haute naissance. » Boil. *Sat.* V.

« *A* le voir pâle, abattu et défiguré, on auroit cru que » ce n'étoit point Télémaque. » Fénél. *Tél.* VII.

« *A* nous voir pousser nos désirs si loin, … qui ne diroit que nous croyons être immortels ? » Fléch. *Orais. d'Aiguill.*

« Les Pléiades se touchent presque, à en juger par nos » yeux. » La Br. *Car.* ch. XVI.

(2) En construction après un verbe, un nom, ou un adjectif :

« Car c'est ne régner pas qu'être deux à régner. » Corn. *Pomp.* I, 2.

« Je deviendrois suspect à tarder davantage. » Id. *Cinn.* I, 4.

« Je trahirois mon cœur à parler d'autre sorte. » Mol. *Tart.* I, 1.

« Quoi ! l'avez-vous surprise à n'être point fidèle ? » Id. *Fem. Sav.* II, 5.

« On ne fait donc point mal à se faire enlever ? » Regn. *Distr.* I, 5.

« Ni mon grenier, ni mon armoire
» Ne se remplit à babiller. » Laf. IV, *F.* 3.

« *A* vous poursuivre épuiser mes chaleurs. » J. B. R. *Epît.* 1.

« Ne perdez point le temps que vous laisse leur fuite,
» *A* rendre à mon tombeau des soins dont je vous quitte. » Rac. *Mithr.* V, 5.

« Ils me soupçonneroient à me voir plus paisible. » Lafosse, *Manl.* I, 1.

« Quel sujet de joie trouve-t-on à n'attendre plus que » des misères sans ressource ? » Pasc. *Pens.* II, art. 2.

« Il n'y a de honte qu'à n'en point avoir. » *Ibid.*

« Il est vieux et usé, dit un grand ; il s'est crevé à me » suivre, qu'en faire ? » La Br. *Car.* ch. IX.

« Je trouve mon compte à me confirmer en cette pensée. » *Ibid.*

« Lucile aime mieux user sa vie à se faire supporter » des grands. » *Ibid.*

« Le plaisir avec lequel il se croyoit écouté, augmentoit » celui qu'il prenoit à tout dire. J. J. R. *Em.* IV.

12°. *A*, placé entre deux verbes dont le second est mis à l'infinitif, marque les rapports de temps, de durée, de similitude, de lieu, entre les actions exprimées par les deux verbes :

« Et monté sur le faîte, il aspire à descendre. » Corn. *Cin.* II, 1.

« Pensez-vous que Calchas continue à se taire ? » Rac. *Iphig.* I, 3.

« … … , Grand Dieu, si votre haine
» Persévère à vouloir l'arracher de mes mains. » *Ibid.* IV, 9.

« Mais ne crois pas non plus que le mien s'avilisse
» *A* souffrir des rigueurs, à gémir d'un caprice,
» *A* donner, à reprendre, à redonner ma foi. » Volt. *Zaïr.* III, 7.

« Mais, messieurs, vos enfants sont encore à venir. » Dest. *Phil.* I, 4.

« Le temps viendra, où cet homme qui vous sembloit si » grand, … sera comme l'enfant qui est encore à naître. » Boss. *Œ.* V, 465.

13°. *A*, placé de même entre deux verbes, dont le second est à l'infinitif, peut s'expliquer par *de quoi*, par *de raison pour*, ou par une périphrase équivalente. (*Dict. Acad.*)

« Ce n'est qu'en moi qu'on peut trouver fort à reprendre. » Mol. *Mis.* III, 5.

« Ceux de qui la conduite offre le plus à rire. » Id. *Tart.* I, 1.

« Vos ris immodérés donnent à rire aux gens » Regn. *Distr.* I, 6.

« Vous n'auriez pas tant à souffrir. » Laf. *Fab.* I, 22.

« Qu'ai-je à me plaindre ? où sont les pertes que j'ai » faites ? » Rac. *Iphig.* IV. 6.

« Sur ses aïeux, sans doute, il n'a qu'à se régler ;
» Pour bien faire, Néron n'a qu'à se ressembler. » Id. *Britan.* I, 2.

« Vous n'avez plus, Madame, à craindre pour ma vie. » Id. *Baj.* III, 4.

» Ma tranquille fureur n'a plus qu'à se venger. » *Ibid.* IV, 5.

« Si, foible et seul de mon parti, j'avois à souffrir dans » ma métairie du voisinage d'un grand ? » La Br. *Car.* ch. X.

« Ceux… qui attendent d'un mariage à remplir le vide » de leur consignation. » *Ibid.* ch. VII.

☞ 14°. *A* se place quelquefois au devant de certaines phrases absolues, pour plus de précision, de mouvement, d'énergie :

« Mais l'âge dans son âme a mis ce zèle ardent,
» Et l'on sait qu'elle est prude, à son corps défendant. » Mol. *Tart.* I, 1.

« Battre un homme à jeu sûr, n'est pas une belle âme. » Id. *Amph.* I, 2.

« *A* imagination égale, cette impression est plus forte » chez les peuples qui habitent les campagnes, que chez » les peuples renfermés dans l'enceinte des villes. » Thom. *Ess.* Ch. XI, p. 33.

15°. *A* s'emploie dans certaines phrases, où cette préposition tient la place de mots faciles à suppléer, par ex. : *à* (l'âge de), *à* (la distance de), *à* (l'intervalle de), etc. :

(1) *à l'âge de :*

« … … … et ce n'est pas le temps,
» Madame, comme on sait, d'être prude à vingt ans. » Mol. *Mis.* III, 5.

« M. de Homberg avoit une sœur qui fut mariée à huit » ans, et mère à neuf. » Fonten. V, 408.

(2) *à la distance de :*

« *A* quatre pas d'ici je te le fais savoir. » Corn. *Cid*, II. 3.

« Danser la sarabande à deux pieds des pavés. » Regn. *Bal*, 2.

« Les deux jeunes bergères assises voyoient à dix pas » d'elles cinq ou six chèvres. » Laf. *Psych.* 221.

« On l'admire, on l'envie ; à quatre lieues de là il fait » pitié. » La Br. *Car.* ch. III.

« Qui ont infecté l'air à dix lieues de là par leur puanteur. » Id. *ibid.* ch. XII.

« La foiblesse de sa vue, qui étoit si courte qu'il ne voyoit » pas à dix pas. » Fonten. V. 79.

(3) *à l'intervalle de :*

« Pour se venger de cette tromperie,
» *A* quelque temps de là la Cicogne le prie. » Laf. *Fab.* I, 18.

« Il se joue un jeu à cette distance infinie, où il arrivera croix ou pile. » Pasc. *Pens.* II, 3.

☞ La préposition *A* s'emploie encore dans un grand nombre de phrases, comme équivalent, ou, par l'ellipse de certains mots, tels que : *au point de*, *de manière*, etc. :

« La curiosité qui vous presse est bien forte,
» Ma mie, à nous venir écouter de la sorte. » Mol. *Tart.* II, 2.

« … … … et j'en vois qui sont faites
» *A* pouvoir inspirer de tendres sentiments. » Id. *Mis.* III, 5.

« Cet homme-là, ma sœur, t'aime à perdre l'esprit. » Regn. *Distr.* II, 6.

« Alors nous nous saisîmes l'un l'autre ; nous nous serrâmes à perdre la respiration. » Fénél. *Tél.* V.

☞ La préposition *A* s'emploie dans d'autres idiotismes, dont il est moins facile de rendre compte :

« Sont toujours sur autrui les premiers à médire. » Mol. *Tart.* I, 1.

« Tu t'es mis contre elle à jurer,
» *A* la maudire, à murmurer. » Lafont. *C.* I, 1.

« C'est à qui l'aimera. » Id. *ibid.*

« Ces hommes qui en sont encore à penser et à écrire » judicieusement. » La Br. *Car.* ch. VI.

« Qui est-ce qui peut penser… que le premier à former » des désirs doive être le premier à les témoigner ? » J. J. R. *Em.* V.

16°. *A* et *AU*, joints à différents mots, servent à former des prépositions composées, telles que : au-*delà*, au-*dessus*, au-*dessous*, à *travers*, au *travers*, à *côté*, *vis-à-vis*, dont on trouvera des exemples à chacun de ces mots.

17°. *A* et *AU*, joints, de la même manière, à d'autres mots, soit verbes, soit adjectifs, ou substantifs, servent à former diverses expressions conjonctives, comme : à *moins que*, à *cause que*, au *cas que*, à *la charge que*, au *point que*, à *tel point que*, au *lieu que*, à *mesure que*, à *proportion que*, au *bout de*, à *l'égard de*, à *l'abri de*, à *couvert de*, etc. ; ou de simples conjonctions, comme : au *contraire*, au *surplus*, au *reste*, *c'est-à-dire*, *c'est-à-savoir*, etc., qu'on trouvera de même expliquées et appuyées par des exemples, aux mots dont ces expressions sont composées.

18°. A et AU se mettent après les prépositions *jusque*, *quant*, *par rapport*, *sauf :*

(1) *Jusqu'à*, *jusques à*, *jusque-là :*

« *Jusque-là* qu'il se vint l'autre jour accuser. » Mol. *Tart.* I, 6.

« J'ai visité l'Élide, et, laissant le Ténare,
» Passé *jusqu'à* la mer qui vit tomber Icare. » Rac. *Phèd.* I, 1.

« Lorsque *jusques au* ciel mille cris élancés. » *Ibid.* III, 3.

« *Jusque-là*, je vous laisse étaler votre zèle. » Id. *Iphig.* I, 2.

« *Jusque-là*, je renonce à des questions oiseuses, qui » peuvent inquiéter mon amour-propre. » J. J. R. *Em.* IV.

— Dans le même sens, on trouve quelquefois la préposition *A* employée seule :

« De l'aurore *au* couchant portoit ses espérances. » Rac. *Mithr.* III, 1.

« Que les Romains, pressés de l'un à l'autre bout. » *Ibid.*

« Du fond de ses déserts *au* rang de ses aïeux. » Volt. *Mér.* I, 1.

« Comme il pouvoit craindre que ce progrès n'allât à » l'infini. » La Br. *Préf. des Caract.*

« Dire combien il y a de postes de Paris à Besançon, ou » à Philisbourg. » Id. *Caract.* Ch. IX.

« Je puis contempler l'univers, m'élever à la main qui » le gouverne. » J. J. R. *Em.* IV.

« Son naturel lui fit aimer les étrangers, avant qu'il sût » à quel point ils pouvoient lui être utiles. » Volt. *Charl. XII*, liv. I. 1.

(2) *Quant à :*

« Et *quant à* cet amour, qui nous a séparés. » Rac. *Brit.* IV, 2.

« Voilà mon premier doute, qu'il m'est, *quant à* présent, impossible de résoudre. » J. J. R. *Em.* IV.

(3) *Par rapport à :*

« La terre entière n'est pas espace, *par rapport à* cet » éloignement. » La Br. *Car.* ch. XVI.

« Nous sommes assez vains pour vouloir décider ce qu'est » ce tout en lui-même, et ce que nous sommes *par rapport à* lui. » J. J. R. *Em.* IV, 220.

(4) *Sauf à : sauf à* eux à se pourvoir. *Sauf à* recommencer. *Acad.*

19°. *A* et *Au* servent encore à former, lorsqu'ils sont joints à un adverbe, ou à certains noms adjectifs ou substantifs, des expressions adverbiales, dont nous n'indiquerons ici que les principales, les autres devant être expliquées à la suite des mots qui se joignent avec cette préposition.

(1) Devant un adverbe :

« Que, s'il se peut, ma fille à *jamais* abusée. » Rac. *Iphig.* I, 1.

« Soyons-nous donc *au moins* fidèles l'un à l'autre. » Id. *Mithr.* I, 5.

« Il n'est encore *au plus* que sept heures du soir. » Regn. *Distr.* III, 1.

(2) Devant un adjectif :

« La mort de Séleucus m'a vengée à *demi*. » Corn. *Rod.* V, 1.

« Il vous donne à *présent* sujet de le haïr. » Id. *Poly.* III, 2.

« Le dieu, la secouant, jeta les œufs à *bas*. » Laf. *Fab.* II, 8.

« Il se tourne à *droite*, où il y a un grand monde, et » à *gauche*, où il n'y a personne. » La Br. *Car.* ch. IX.

« Supposer un progrès de causes à *l'infini*, c'est n'en » point supposer du tout. » J. J. R. *Em.* IV.

(3) Devant un substantif :

« L'amour enfin qui prit *à cœur* l'affaire. »
Laf. C. I, 2.

« Trouva le dîner cuit *à point.* » Id. *Fab.* I, 18.

« Ayant tout dit, il mit l'enfant *à bord.* » *Ibid.* I, 19.

« N'avoient pu mettre *à bout* cette fière cité. »
Ibid. II, 1.

« Que j'accusois *à tort* un discours innocent. »
Rac. *Phèd.* II, 4.

« Vous pouvez, *à loisir*, faire des vœux pour elle. »
Id. *Iphig.* I, 2.

« *A peine* nous avons dans leur obscurité. »
Ibid. I, 4.

« Que je quitte *à regret* la rive fortunée. »
Ibid. III, 3.

« . . . . et quel ressouvenir
» *Tout à coup* vous arrête et vous fait revenir. »
Id. *Mithr.* II, 1.

« Je vous ai commandé de partir *tout à l'heure.* »
Ibid. III, 1.

« *A la fin* je respire, et le ciel me délivre. »
Ibid. V, 2.

« Et l'honnête homme *à pied* du faquin en litière. »
Boil. *A. P.* II.

« Je m'étois introduit tantôt chez Isabelle,
» Que j'aime *à la fureur.* » Regn. *Distr.* IV, 2.

« J'entends; la vanité me déclare *à genoux.* »
Dest. *Glor.* IV.

« Mais, malgré ces défauts, je vous aime *à la rage.* »
Id. *Phil.* II, 2.

« Il faut que la véritable religion connoisse *à fond* notre
» nature. » Pasc. *Pens.* II, art. 5.

« Les gens moins honreux ne rient qu'*à-propos.* »
La Br. *Car.* ch. IX.

« Le bien qu'il vient de faire est un peu moins su, *à la*
» *vérité;* mais il fait ce bien, que voudroit-il davantage? »
Ibid.

« Ils vivent *à l'aventure*, poussés et entraînés par le
» vent de la faveur. » *Ibid.*

« Il fait déplier sa robe et la mettre *à l'air.* »
Id. *Ibid.* ch. X.

« Muni de pouvoirs particuliers qu'il ne découvre qu'*à*
» *l'extrémité.* » *Ibid.*

« Ce progrès étoit plus *d'à moitié* fait dans le cœur
» du libertin. » J. J. R. *Em.* IV.

« Nous aimions mieux nous déterminer *au hasard.* »
Ibid.

« Alors, repassant dans mon esprit les diverses opinions,
» qui m'avoient *tour à tour* entraîné. » *Ibid.*

« Voir deux objets *à la fois*, ce n'est pas voir leurs rap-
» ports, ni juger de leurs différences. » *Ibid.*

— La préposition *A* s'emploie encore dans une foule de locutions du langage familier, où les acceptions qu'elle reçoit peuvent se rapporter plus ou moins directement à celles qui ont été précédemment indiquées. Voici les plus usitées de ces locutions, d'après le Diction. de l'*Acad.* :

Pour indiquer la manière de vivre, de s'habiller, de se mettre, de marcher, d'agir, de parler, etc. : *vivre à la françoise ; s'habiller à l'espagnole ; un homme à soutane, à cheveux courts ; marcher à petits pas ; courir à toutes jambes*, etc.

— La qualité d'une chose : *de l'or à vingt-quatre carats ; du velours à trois poils.*

— La quantité : *il en a à foison, à satiété.*

— Le prix et la valeur : *du vin à vingt sous, à trente sous la pinte ; du drap à vingt francs l'aune.*

— La mesure ou le poids : *vendre du vin à la pinte ; vendre du drap à l'aune ; vendre de la viande à la livre.*

— La cause mouvante, le moyen qui fait agir : *moulin à vent ; moulin à eau ; arme à feu.*

— Le motif qui fait agir : *il l'a dit à bonne intention ; il ne l'a pas fait à mauvais dessein.*

— L'état et la disposition d'une chose : *des fruits à garder : des fleurs à cueillir.*

— L'usage auquel une chose est propre : *terre à froment ; moulin à blé ; moulin à poudre, à papier ; mouchoir à moucher ; bassin à barbe ; bois à brûler.*

ABAISSE. s. f. Pâte qui fait la croûte de dessous dans plusieurs pièces de pâtisserie.
Dict. Acad.

ABAISSEMENT. s. m.

1. Etat d'une chose qui est *abaissée*, dont la hauteur a été diminuée :

« *L'abaissement* de ce mur, qui ôtoit la vue à cette
» maison, l'a bien égayée. » *Dict. de Furet.*

— Par ext. se dit de la voix humaine descendue à un ton plus *bas*, et, dans cette acception, prend plus fréquemment le pluriel :

« L'oreille, qui étoit accoutumée à sentir la différence
» des longues et des brèves, comme aussi de l'élévation et
» de l'*abaissement* de la voix. » Roll. *Tr.* I, 411.

« Nous ne pratiquons point du tout ces élèvements et ces
» *abaissements* de la voix, si familiers et si fréquents chez
» les anciens. » D'Alemb. *Mél.* V, 534.

2. Etat d'une chose qui a *baissé* d'elle-même : l'*abaissement* des eaux, l'*abaissement* du mercure dans le baromètre. *Dict. Acad.*

— *Abaissement* du pôle, par opposition à son élévation. *Dict. Trév.*

— *Abaissement* d'une étoile sous l'horizon ; c'est la quantité de degrés dont elle se trouve au-dessous de l'horizon. *Dict. Trév.*

— *Abaissement* des équations, en algèbre, c'est leur réduction au moindre degré dont elles soient susceptibles. *Dict. Trév.*

☞ « Il fut guéri... par un *abaissement* de la cataracte
» que la nature seule opéra. » Fonten. *El.* I, 6.

Fig. 1. Situation de celui dont la fortune, la puissance, la considération, les honneurs sont diminués ; s'emploie avec un régime :

« *Abaissement de* courage, *de* fortune. » *Dict. Acad.*

« César à qui les dieux sembloient avoir promis
» Le prompt *abaissement de* tous ses ennemis. »
Bréb. *Ph.* III.

« Et *votre abaissement* servira de risée
» A vos propres flatteurs. » J. B. R.

« Des Guise cependant le rapide bonheur
» Sur *son abaissement* élevoit sa grandeur. »
Volt. *Henr.* I.

« *L'abaissement des* uns, des autres la puissance. »
Id. *ibid.* VII.

« Le mariage des cadettes apporte d'ordinaire de l'*abais-*
» *sement dans* les grandes maisons. » La Fay. *Cléo.*

« Son grand dessein a été d'affermir l'autorité du prince
» et la sûreté des peuples, par l'*abaissement des* grands. »
La Br. *Car.* Ch. X.

« Ceux même qui ne nous font pas une guerre ouverte,
» désirent *notre abaissement.* » Fénél. *Tél.* X.

« Après l'*abaissement des* Carthaginois, Rome n'eut
» presque plus que de petites guerres et de grandes vic-
» toires. » Mont. *Grand.* Ch. XII.

« Ce fut lui qui, par ses victoires, contribua à l'*abais-*
» *sement* de la maison d'Autriche. » Volt. *Charl. XII*, 1.

2. Humiliation volontaire ou forcée ; dans cette acception, s'emploie avec ou sans régime, mais le plus souvent de cette dernière manière :

« Se tenir dans l'*abaissement* devant Dieu. »
Dict. Acad.

« Ce triste *abaissement* convient à ma fortune. »
Rac. *Iphig.* III, 5.

« Phénice, tu m'as vue aux fers abandonnée
» Dans un *abaissement* où je ne suis pas née. »
Crébil. *Rhad.* I, 1.

« Ceux qui ont le cœur humilié, qui aiment le mépris
» et l'*abaissement.* » Pasc.

« Psyché se jeta à leurs pieds pour toute réponse, et les
» baisa. Cet *abaissement* excessif leur causa beaucoup de
» confusion et de pitié. » Lafont. *Psyc.* p. 104.

« C'étoit un grand *abaissement* d'être obligé d'envoyer
» à son successeur Stanislas les pierreries et les archives
» de la couronne. » Volt. *Charl. XII*, liv. III.

☞ On a remarqué que le Dictionnaire de l'*Académie* ne donnoit aucun exemple de ce mot employé au pluriel dans cette acception, et que cependant nos meilleurs écrivains s'en étoient servis de cette manière. Mais il étoit juste d'observer que tous ces écrivains appartiennent au XVIIe siècle, où l'usage des pluriels étoit infiniment plus étendu qu'il ne l'a été depuis. Voici les plus remarquables de ces exemples :

« Son humilité la sollicite de venir prendre part aux
» *abaissements de* la vie religieuse. » Bossuet.

« Cette pieuse princesse travailloit à humilier sa gran-
» deur par des *abaissements* volontaires. » Fléchier.

« Il n'appartient qu'à vous de joindre à une majesté in-
» compréhensible de si profonds *abaissements.* »
Bourdaloue, *Dict. de Planche.*

Abaissé, ée. participe d'*abaisser*, s'emploie aussi adjectivement ; humilié, dont la puissance a été diminuée :

« Ils verroient par ce coup leur puissance *abaissée.* »
Rac. *Brit.* IV, 4.

« L'Inde esclave et timide, et l'Egypte *abaissée.* »
Volt. *Mah.* II. 5.

« Le voilà mort, sa famille *abaissée*, et le roi rétabli. »
Pasc. *Pens.* I, art. 5.

— Abaissé, terme de blason, se dit du vol des aigles, dont les ailes sont pliées et rabattues. Voy. les autres acceptions de ce mot dans le *Dictionnaire de Trévoux.*

ABAISSER. v. a. (Rac. *bas.*) 1. Diminuer de la hauteur, rendre plus *bas*, moins élevé :

« *Abaisser* une muraille. *Abaisser* une table. »
Dict. Acad.

— Est peu usité, si ce n'est par extension de ce sens, et en parlant de la voix humaine. Il signifie alors : prendre, soit en chantant, soit en parlant, une intonation moins élevée :

« *Abaisser* la voix. » *Dict. Acad.*

« Le meilleur récitatif doit rouler entre de fort petits
» intervalles, n'élever ni n'*abaisser* beaucoup la voix. »
J. J. R. *Lett. sur la Mus.*

2. Tirer de haut en *bas ;* donner à une chose le mouvement de haut en *bas ;* faire aller en *bas ;* faire descendre :

« *Abaisser* un store. *Abaisser* une lanterne. »
Dict. Acad.

« Ni la main du sommeil n'*abaissa* leurs paupières. »
Lafont.

« De Lille *sous* ses pas *abaissez* la barrière. »
Volt. *Adél.* V, 3.

« . . . . nous, allons *à* ses pieds
« *Abaisser* sans regrets nos fronts humiliés. »
Id. *Ibid.* 5.

« J'encourageai les matelots effrayés, je leur fis *abaisser*
» les voiles. » Fénél. *Télém.* IV, 80.

« La palme souple se relève sans cesse d'elle-même,
» quelque effort qu'on fasse pour *l'abaisser.* »
Id. *ibid.* XVI.

« Vous le voyez *abaisser* son chapeau *sur* ses yeux,
» pour ne voir personne. » La Br. *Car.* Ch. VI.

« Il va les épaules serrées, le chapeau *abaissé sur* les
» yeux, pour ne point être vu. » Id. *Ibid.*

« Il ne peut relever sa queue comme le lion, mais elle
» lui sied mieux quoique *abaissée.* »
Buff. *Quadr.* VI, 17, *Lac.*

« En *lui abaissant* ce qu'on appelle des cataractes. »
Volt. XXXVIII, 148.

« L'aveugle-né *à* qui Cheselden *abaissa* les cataractes. »
Id. LIX, 60.

« La meilleure de toutes les géographies peut-elle va-
» loir, je ne dis pas un voyage fait à pied et le crayon à
» la main, mais la traversée même la plus rapide dans une
» chaise de poste, pourvu que ses glaces soient *abaissées*,
» ou très-nettes ? » Garat, *Merc.* XXXVIII, 89.

Ext.

« Disposez de sa main, et, pour première loi,
» Madame, ordonnez-lui d'*abaisser* l'œil *sur* moi. »
Corn.

« Et j'*abaisse* un œil de mépris
» *Sur* l'inconstance de sa roue. » Parn. Œ. I, 62.

☞ 3. L'emploi le plus fréquent de ce verbe est au figuré, quoique l'*Académie* ait à peine indiqué cette acception ; déprimer ; rendre, ou faire paroître plus petit, plus foible, moins puissant ; se dit des personnes :

« Pensez-vous *abaisser* les rois dans leurs ministres ? »
Volt. *Brut.* V, 2.

« Ils *abaissoient* les Grecs ; ils triomphoient du Maure. »
Id. *Tancr.* II, 1.

« Elle [la religion] élève le peuple à l'intérieur, et
» *abaisse* les superbes à l'extérieur. » Pasc. *Pens.* II, art. 2.

« Les grands noms *abaissent*, au lieu d'élever, ceux qui
» ne savent pas les soutenir. » La Rochef.

« Il a une fausse grandeur qui l'*abaisse.* »
La Br. *Car.* Ch. IX.

« Un prince n'est jamais plus grand que lorsque c'est
» sa bonté qui l'*abaisse.* » Massill.

« Après avoir *abaissé* un clergé ignorant et barbare, il
» osa essayer de l'instruire. » Volt. *Charl. XII*, 1.

4. Humilier, dégrader, avilir ; se dit des personnes et des choses :

(1) « . . . Que verrois-je et que pourrois-je apprendre
» Qui m'*abaisse* si fort *au-dessous* d'Alexandre ? »
Rac. *Alex.* II, 2.

« Sion, jusques aux cieux élevée autrefois,
» Jusqu'aux enfers maintenant *abaissée !* »
Id. *Esth.* I, 2.

« Il faut *abaisser* les esprits hautains. » St. Evrem.

« J'admirois les coups de la fortune, qui relève tout à
» coup ceux qu'elle a le plus *abaissés.* » Fén. *Tél.* II.

« S'il se vante, je l'*abaisse.* » Pasc. *Pens.* II, art. 2.

« L'esprit de parti *abaisse* les plus grands hommes
» jusqu'aux petitesses du peuple. » La Br. *Car.* Ch. XI.

« Comme l'éducation dans les monarchies ne travaille
« qu'à élever le cœur, elle ne cherche qu'à l'*abaisser* dans
» les états despotiques. » Mont. *Esp. des L.*

(2) « Et malgré ma fortune à vos pieds *abaissée.* »
Corn. *Héracl.* III, 1.

« . . . . Et je ferois quelque difficulté
» D'*abaisser jusque*-là votre sévérité. »
Rac. *Brit.* III, 1.

« Plutôt que *jusque*-là j'*abaisse* mon orgueil. »
Volt. *Henr.*

« . . . . Et nul en Thessalie
» N'*abaissa* son courage à demander la vie. » Id.

« L'Envie *abaisse* par ses discours les vertus qu'elle ne » peut imiter. » St. Evrem.

« C'est Dieu qui prend Cyrus par la main, qui le mène » triomphant par toute la terre, qui *abaisse* à ses pieds » toutes les puissances du monde. » Boss. *H. Univ.*

« Il *abaissa* sa grandeur royale *sous* l'humilité chré- » tienne. » Fléch.

☞ Ext. Rabaisser, ravaler, rabattre :

« Les uns ont pris à tâche d'élever l'homme en décou- » vrant ses grandeurs; les autres, de l'*abaisser* en repré- » sentant ses misères. » Pasc. *Pens.* II, art. 1.

« Par cette extrémité, ils sont aussi *abaissés* que nous, » que les enfants, que les bêtes. » Id. *Ibid.* I, art. 9.

(Pascal fait un fréquent usage de cette expression.)

« Nous élevons la gloire des uns, pour *abaisser* celle » des autres. » La Rochef.

« N'est-il plus? on exagère son mérite, pour *abaisser* » ceux qui vivent. » Volt.

☞ 5. Absolument :

« Il y a dans le monde une puissance supérieure à celle » des hommes, qui élève ou qui *abaisse.* » Bourd.

6. *Abaisser* une perpendiculaire, en style de géométrie, c'est tirer de haut en bas une ligne perpendiculaire à une autre ligne. *Dict. Acad.*

S'ABAISSER, v. pron. S'emploie au propre et au figuré, quoique l'*Académie* ait omis la première de ces acceptions :

☞ 1 :

« Leurs dos voûtés s'élevoient, *s'abaissoient*,
» Aux longs élans des soupirs qu'ils poussoient. »
Vol. *Enf. Prod.* I, 5.

« Sa robe en plis flottants *jusqu'à* ses pieds *s'abaisse.* »
Del. *Enéid.* I.

« Le terrain *s'abaisse* et ouvre un abyme. » Fénél. *Tél.*

« Les deux combattants s'allongent, se replient, *s'abais-* » *sent*, se relèvent tout à coup, et enfin se saisissent. »
Id. *Tél.* XX.

« La route *s'étoit abaissée.* » Fonten.

« Quand on charge le chameau, il *s'abaisse sur* le » ventre. » Buff. *Quadr.* VI.

« La poussière *s'abaisse* et tombe. » Thom.

2. Joint à la préposition *à*, il signifie s'avilir, se dégrader :

« *S'abaisser* à des choses indignes de soi. » *Dict. Acad.*

« Feindre et nous *abaisser à* cette lâcheté. »
Corn. *Héracl.* V, 6.

« Ne *vous abaissez* point *à* des remercîments. » Rac.

« Voudroit-il *s'abaisser à* cet excès d'amour? »
Regn. *Démocr.* III, 4.

« *A* des troubles honteux je sens que *je m'abaisse.* »
Volt. *Zaïr.* III, 7.

☞ L'*Académie* a oublié les emplois de ce verbe qui se font devant *à*, *jusqu'à*, *jusques à*, suivis d'un infinitif :

« Quand *je m'abaisserai jusqu'à* parler à vous. »
Corn. *Pomp.* I, 3.

« Morbleu, c'est une chose indigne, lâche, infâme,
» De *s'abaisser* ainsi *jusqu'à* trahir son âme. »
Mol. *Mis.* I, 1.

« Trop généreux, trop grand, pour *m'abaisser à* feindre. » Volt. *Zaïre*, IV, 2.

« *Il s'abaissa jusqu'à* rechercher les Juifs, qui étoient le » rebut du monde. » Boss. *H. Univ.*

« Faites bien concevoir à M. Despréaux combien vous » êtes reconnoissant de la bonté qu'il a de *s'abaisser à* » s'entretenir avec vous. » Rac. *Œ.* VII, 358.

« Il se reconnoissoit ainsi indigne de régner. Il l'étoit en » effet, puisqu'il *s'abaissoit* à le dire. »
Volt. *Ess.* ch. LXXVIII.

☞ Lorsque ce verbe, placé comme dans les exemples précédents, est suivi d'un nom de personne, il signifie simplement : descendre, se mettre à la portée de quelqu'un plus foible, sans que l'idée de dégradation, d'avilissement, soit attachée à l'action qu'il exprime :

« Le souverain de la nature
» *S'abaisse-t-il jusques à moi?* » J. B. R.

« Les enfants sont la portion la plus pure de votre trou- » peau; n'ayez pas de honte de *vous abaisser jusques à* » *eux.* » Massill.

— Joint à la préposition *devant*, il signifie s'humilier :

« *S'abaisser devant* la majesté de l'Être suprême. »
Dict. Acad.

« . . . . Les humbles et les justes
» Dont le cœur *devant* toi *s'abaisse* avec respect. »
J. B. R.

« Et l'on peut, sans rougir, *devant* lui *s'abaisser.* »
Volt.

« Quand il verra la première tête du monde *s'abaisser* » *devant* lui. » Fléch.

« O majesté des rois, combien tu t'élèves, *en s'abaissant* » *devant* la vertu! » La Harp. *Charl. V.*

— Joint avec *sous*, ou *au-dessous*, il signifie fléchir, s'humilier :

« Est-il juste après tout qu'un conquérant *s'abaisse* » *Sous* la servile loi de remplir sa promesse? »
Rac. *Andr.* IV, 5.

« Et vous, *sous* sa majesté sainte
» Cieux, *abaissez-vous!* » Id. *Esth.* III, 9.

« Et je vous apprendrai qu'on peut sans s'avilir
» *S'abaisser sous* les Dieux, les craindre et les servir. »
Volt. *Sémir.* II, 7.

« Jésus-Christ est un Dieu dont on s'approche avec or- » gueil, et *sous* lequel on *s'abaisse* sans désespoir. » Pasc.

☞ 3. Absolument : 1. S'humilier, descendre à un rang plus *bas* :

« Vous voulez que le roi *s'abaisse* et s'humilie! »
Rac. *Mithr.* III, 1.

« Je pourrois m'*abaisser*; mais je ne puis jamais
» Devenir la complice et le prix des forfaits. »
Volt. *Mér.* I, 3.

« *S'il s'abaisse*, je le vante. » Pasc. *Pens.* II, art. 2.

« Il faut le plus souvent *s'abaisser.* » Id. *Ibid.* I, art. 5.

« L'humilité n'est souvent qu'un artifice de l'orgueil, » qui ne *s'abaisse* que pour s'élever. » La Rochef.

« Celui qui tient la première place n'a qu'une voie » pour s'élever, c'est de *s'abaisser* lui-même, parce que » les grands n'ont rien moins à craindre que de se ravaler » en *s'abaissant* de la sorte. » Bouhours.

☞ 2. Prendre un ton trop simple, s'exprimer avec une simplicité qui approche de la *bassesse.* (S'emploie en bonne et en mauvaise part) :

« Il faut, dans la douleur, que *vous vous abaissiez.* »
Boil. *A. P.* III.

« Ils croiroient *se* trop *abaisser*, en nommant les choses » par leur nom. » Fénél. *Dial. El.* III.

« Capable néanmoins de *s'abaisser* quand il veut, et de » descendre jusqu'aux plus simples naïvetés du comique. »
Rac. *Disc. Acad.*

ABAISSEUR. adj. m. (Anat.) Nom donné à différents muscles, dont la fonction est d'*abaisser* les parties auxquelles ils sont attachés :

« *Muscle abaisseur.* » Il se prend aussi substantivement.
« *L'Abaisseur de l'œil.* » *Dict. Acad.*

✠ ABAJOUE. s. f. (terme d'Histoire naturelle.) Poche ou sac placé dans l'intérieur et au bas de la *joue* de certains mammifères, et notamment des guenons, dans lequel sac ces animaux peuvent garder leur nourriture :

« Des *abajoues*, c'est-à-dire, des poches au bas des » joues où elles (les guenons) peuvent garder leurs ali- » ments. » Buff. *Quadr.* VIII, 135, Lac.

ABANDON. s. m. (Ce mot et *abandonnement* paroissent nés vers le milieu du 17ᵉ siècle. Voy. Aleman, *Nouv. Observ.* p. 8; au palais, on les emploie aussi indifféremment l'un pour l'autre. Lav.)

1. Action de celui qui laisse, qui *abandonne*; s'emploie avec un régime et la préposition *de* :

« Un malade dont le mal est incurable, qui peut juger » son état par des exemples fréquents et familiers, qui en » est averti par la contenance ou l'*abandon des* médecins. »
Buff. *M. G.* XX, 265.

« C'étoit un vice bien odieux dans le régime et les mœurs » des Jésuites, que cet *abandon des* vieillards. »
Marm. *Mém.* I.

☞ Par ext. Congé, permission : (peu usité.)

« Il sembloit qu'il eût droit d'en user de la sorte, par » l'*abandon* et la permission du roi. » St. Sim. *Mém.* III, 226.

2. État d'une personne laissée, délaissée, *abandonnée*; s'emploie le plus souvent sans régime :

« Il est dans un *abandon* général. » *Dict. Acad.*

« Il leur est dur de voir déserter les galants;
» Dans un tel *abandon* leur sombre inquiétude. »
Mol. *Tart.* I, 1.

« Son rival aujourd'hui, demain dans l'*abandon*,
» Vous vous verrez réduit à demander pardon. »
Volt. *Adél.* II, 7.

« Le Camoëns n'eut d'autre ressource qu'un hôpital; ce » fut là qu'il passa le reste de sa vie, et qu'il mourut dans » un *abandon* général. » Id. *Ess. sur la poés. ép. ch.* VI.

« Éclairée enfin sur son sort, et convaincue de la réalité » de son *abandon.* » Arnauld, *Acad.* XLIX, 253.

« Ainsi, après des siècles d'oubli, ce fleuve, qui vit errer » sur ses bords les Lacédémoniens illustrés par Plutarque » ce fleuve, dis-je, s'est peut-être réjoui, dans son *aban-* » *don*, d'entendre retentir autour de ses rives les pas d'un » obscur étranger. » Chat. *Itin.* T. I, 112.

3. Oubli, renoncement :

« L'*abandon de* tous soins. Cet *abandon de* vous-même » nous désole. » *Dict. Acad.*

« Un traité qui étoit moins une paix, qu'un *abandon de* » ses propres forces. » Mont.

« La lenteur, la stupidité, l'*abandon de* son être. »
Buff.

« On veut qu'elle (l'amitié) ne puisse pas exister sans » un parfait *abandon de* soi-même, sans une entière re- » nonciation à ses intérêts personnels en faveur de la per- » sonne véritablement chérie. » Rayn. T. VIII, 44.

« Tel, qu'avec moins d'indolence et moins d'*abandon* » *de* lui-même, il eût été capable de remplir les plus grands » emplois. » Marm. *Mém.* III.

— Par extension, on le trouve quelquefois employé avec le régime indirect de la personne dans le sens de *abandonnement* :

« Un plein *abandon de* nous-mêmes *à* toutes les volon- » tés de Dieu. » Bourdal.

Et absolument :

« Un parfait *abandon à* la volonté de Dieu. » *Dict. Acad.*

« Une probité exacte, . . . rehaussée de tout l'*abandon à* » M. de Cambrai. » St. Sim. *Mém.* IV, 67.

4. Sorte de négligence aimable, où l'on cesse en quelque sorte de s'observer, de se contraindre, où l'on se livre et *s'abandonne* naïvement à l'impulsion de ses idées, de son caractère :

« Il y a dans cette partie de son discours un heureux » *abandon.* Elle a dans ses manières un *abandon* sédui- » sant. » *Dict. Acad.*

« Le ton méticuleux et l'orgueil circonspect
» De ce mortel pour lui plein de respect,
» Qui. . . . .
» Ignore l'*abandon*, se défend la franchise. »
De L. *Conv.* 2.

« (Il) s'exprime avec clarté, parle avec *abandon.* »
Ibid. 3.

« Il trouvoit en elle trop de hauteur, et pas assez de » complaisance et d'*abandon.* » Marm. *Mém.* IV.

☞ Se dit aussi des mouvements du corps, du maintien :

« Son corps à la beauté, ce trop fragile don,
« Joignoit *des* mouvements le facile *abandon.* »
Del. *Imag.* I.

« Attitudes tantôt animées, tantôt laissées dans un mol » *abandon.* » Buff.

— *A l'abandon*, se dit adverbialement (Voy. Aleman, *Nouv. Observ.* p. 11), et signifie :

1. Dans le désordre, dans la confusion :

« . . . . Ses enfants qu'il laisse *à l'abandon.* » Laf.

« Mon bien, tout est pillé, tout est *à l'abandon.* » Volt.

« Tout l'occident est *à l'abandon.* »
Boss. *H. U.* IV, 163.

« Les lois étoient en oubli, les finances au pillage, la » discipline militaire *à l'abandon.* » Marm. *Bél.* p. 1.

« A moins de laisser tout *à l'abandon*, mes papiers, mes » effets, toutes mes affaires. » J. J. R. *C.* XII, 156.

☞ 2. Dans une douce familiarité, sans réserve :

« Rien n'est plus doux que d'être *à l'abandon* avec ses » amis. » Duc du Maine.

ABANDONNÉ, ÉE. part. d'*Abandonner.* Il s'emploie aussi comme adjectif, et a plusieurs acceptions :

1. Négligé, délaissé :

« Errant, *abandonné*, proscrit dans l'univers. »
Volt. *Œd.* III, 4.

« J'appris sous une mère *abandonnée*, errante. » Id.

« L'amitié généreuse court aux personnes *abandonnées*, » pour essuyer leurs larmes. » Pasc. *Pens.* 1, 3.

« Deux simples aventuriers, dont l'éducation avoit été » si *abandonnée*, qu'ils ne savoient ni lire ni écrire. »
Volt. XIX, 461.

☞ 2. Extrême, effréné :

« Il faut que vous soyez les plus *abandonnés* calomnia- » teurs qui furent jamais. » Pasc. *Provinc.* V.

« Le pécheur le plus dissolu, le plus foible, le plus » *abandonné.* » Massill.

« Son ancienne gouvernante, devenue sa plus grande et » sa plus *abandonnée* protectrice. » St. Sim. *Mém.* IV, 29.

☞ 3. Corrompu, dépravé :

« Adieu... famille *abandonnée*, maison sans mœurs. »
Beaum. *M. Coup.* V, 7.

— Il est aussi substantif, et alors il se dit d'un homme perdu de libertinage et de débauche, et d'une femme qui se prostitue. C'est un *abandonné*, c'est une *abandonnée*. Il est plus en usage en parlant des femmes. *Dict. Acad.*

« J'aime fort la beauté qui n'est point profanée,
» Et ne veux point brûler pour une *abandonnée*. »
Mol. *Et.* III, 3.

« C'est une infâme qui va courir le pays avec eux, et » qu'ils ne sauroient regarder que comme une *abandonnée*. »
Boil. T. II, 164.

ABANDONNEMENT. s. m.

1. Action de celui qui *abandonne ;* s'emploie avec ou sans régime :

« Il est à plaindre dans l'*abandonnement* où il est *de* » tous ses amis. Il a fait un *abandonnement* général *de* » tous ses biens. » *Dict. Acad.*

(L'Académie dit que ce mot se dit également de la personne qui *abandonne*, et de la chose *abandonnée*. Aucun auteur, à notre connoissance, ne l'a cependant employé sous cette seconde acception.)

« Et ce lâche *abandonnement*
» Mettoit le comble à sa misère. » Hamil. *Bél.* p. 214.

« Je lui soumets tout avec un entier *abandonnement*. »
Boss. *Œ.* IX, 31.

« Il se plaint d'être abandonné; mais au milieu de ses » plaintes il est contraint de confesser que cet *abandon-* » *nement* est équitable. » *Ib.* IX, 157.

« Il s'y dispose par un *abandonnement* actuel *des* biens » qu'il possède. Fléch. *Pan.* I, 177.

(M. Planche assure que ce mot ne se trouve, ni dans Bossuet ni dans Fléchier. Les trois exemples qui précèdent réfutent cette assertion.)

« Tout en elle annonçoit d'abord l'*abandonnement* et » le mépris *de* soi-même. » Créb. *J. Soph.* I, 33.

2. Action d'une personne, qui s'abandonne avec trop de confiance et de facilité, qui se livre au déréglement; l'Académie dit que, dans ce cas, ce mot se met sans régime, et elle en donne les exemples suivans :

« *Abandonnement* infâme. Vivre dans l'*abandonnement*, dans le dernier *abandonnement*. »

Cependant les exemples suivans de Boileau, de Massillon et de Voltaire, prouvent qu'il peut s'employer avec un et même avec deux régimes :

« Joconde apprend au roi l'*abandonnement* de sa femme » *avec* le plus laid monstre de la cour. » Boil. II, 158.

« L'*abandonnement de* leur vie répond toujours à celui » *de* leur état. » Massil.

« Ce qui aliéna surtout les Anglais de lui, ce fut *son* » *abandonnement à* ses favoris. » Volt. XXI, 8.

« Peut-on dire que ce soit l'esprit de débauche, de li- » cence, d'*abandonnement à* leurs passions, qui les » réunit ? » Id. XLII, 10.

3. État d'une personne abandonnée, isolée, délaissée :

« Il faut que je vous demande pardon de l'avoir mariée » dans l'*abandonnement* où, faute de vous rencontrer, je » me suis trouvée avec elle. » Mol. *Fourb.* III, 8.

☞ 4. Il est quelquefois synonyme d'*abandon*, dans le sens de oubli, renoncement :

« Je vois couler tes pleurs ; tant de soins, tant de flamme,
» Tant d'*abandonnement* ont pénétré mon âme. » Volt.

ABANDONNER. v. a. (Rac. *Ban*, qui signifioit dans notre ancienne langue, l'arrêt, la proclamation par laquelle il étoit enjoint, permis ou défendu de faire une chose; *abandonner*, *donner à ban*, permettre. Ménage et d'autres auteurs proposent diverses étymologies ; mais celle-là paroît la plus probable, et elle a pour elle le suffrage de Pasquier et de Caseneuve.)

1. Quitter, délaisser entièrement; se dit, au propre, des personnes, des choses, des lieux :

« Il a *abandonné* le pays. *Abandonner* sa femme et ses » enfants. » *Dict. Acad.*

« Fût-il dans son malheur de tous *abandonné*. »
Corn. *Pomp.* I, 3.

« Avons-nous sans votre ordre *abandonné* Mycènes ? »
Rac. *Iphig.* II, 2.

« Quels amis me plaindront quand vous m'*abandon-* » *nez* ? » Id. *Phèdr.* IV, 2.

« . . . J'*abandonne* sans peine
» Votre Hélicon, vos bois, votre Hippocrène,
» Vos vains lauriers d'épine enveloppés. »
J. B. Rouss. *Epît.* I.

« Ma mère *m'abandonne* et je suis sans secours. »
Volt. *Or.* III, 6.

« Nos conquérants *abandonnèrent* leurs retranche- » ments. » Volt. I, 176.

« J'ai *abandonné* Ithaque pour chercher mon père. »
Fénél. *Tél.* IV.

« Si les hommes étoient sages, la place publique seroit » *abandonnée*. » La Br. *Car.* Ch. VIII.

« Ariane, qui désolée dans les déserts, *abandonnée* par » un ingrat, ne se repentoit point de l'avoir suivi. »
Mont. *Gnid.* IV.

« Vous ne considérez point ce que c'est que d'*abandon-* » *ner* sa patrie. » Prév. *Doy.* I, 30.

« Ne pense point que pour te suivre *j'abandonne* jamais » la maison paternelle. » J. J. R. *Hél.* II, 220.

— Par ext. Avec un nom de chose physique ou morale, pour sujet :

« Ou tel, *abandonné* de ses poutres usées
» Fond enfin un vieux toit sous ses tuiles brisées. »
Boil. *Lut.* IV.

« Je ne me soutiens plus ; ma force m'*abandonne*. »
Rac. *Phèd.* I, 3.

« Ainsi de toutes parts, les plaisirs et la joie
» *M'abandonnent*. . . . . » Id. *Baj.* III, 1.

« Le mérite ne sert de rien, quand il est *abandonné* de » la fortune. » Buss. Rabut.

« Les troupes de Phalante succombent, le courage les » *abandonne*. » Fén. *Tél.* XVI.

« Sa bonté naturelle et sa droite raison l'*abandonnoient* » en un instant. » *Ibid.* II.

« L'algèbre et la fortune *n'abandonnèrent* pas M. de » Dangeau. » Font. *El.* II, 56.

« Il mourut à cet âge où la raison fait *abandonner* la » vie sans regret. » Prév. *Doy.* I, 24.

« La gaîté vous *abandonne*. » J. J. R. *Hél.* I, 43.

2. Au figuré, renoncer à une chose, la négliger, la perdre :

« *Abandonner* une succession, *abandonner* ses préten- » tions. » *Dict. Acad.*

« Et tout *abandonner*, quand il faut tout oser ! » Corn.

« Un auteur, quelquefois, trop plein de son objet,
» Jamais sans l'épuiser n'*abandonne* un sujet. »
Boil. *A. P.* I.

« Mainte veuve souvent fait la déchevelée,
» Qui n'*abandonne* pas le soin du demeurant. » Laf.

« Il n'avoit cependant point *abandonné* l'étude ; ni son » goût, ni ses étonnants succès ne lui permettoient de » l'*abandonner*. » Fonten. V, 56.

« Son père, lui ayant laissé une succession fort em- » brouillée, il aima mieux, quoique Normand, *aban-* » *donner* tout que de plaider. » D'Oliv. *Hist.* II, 252.

« Adrien *abandonna* les conquêtes de Trajan. »
Mont. *Décad.* XV, 139.

« Crébillon ayant commencé la tragédie de Cromwell, » *abandonna* ce projet. » Volt. LXI, 121.

« A travers ces menaces respectueuses et ces alarmes » hypocrites, il (Louis XVI) vit trop bien qu'il s'agissoit » d'*abandonner* ou de maintenir son autorité légitime. »
Marm. *Mém.* XVI.

— Dans ce sens, s'emploie avec un nom de personne, pour signifier : renoncer à la voir, à l'aimer, n'en prendre plus aucun soin, ne s'en mettre plus en peine. *Acad.*

« Prince, dans son malheur, ne l'*abandonnez* pas. »
Rac. *Bérén.* III, 1.

« Après tant de serments, Titus m'*abandonner* ! »
Id. *ibid.* III, 3.

« .... Il est trop vrai que l'honneur me l'ordonne,
» Que je vous adorai, que je vous *abandonne*. »
Volt. *Zaïre*, IV, 2.

« Je ne puis ni vous *abandonner* ni vous suivre. »
Fénél. *Tél.* VII.

« Que j'ai de douleur de voir que Dieu vous *abandonne* » jusqu'à vous faire réussir si heureusement dans une affaire » si malheureuse ! » Pasc. *Prov.* II.

« Ces peuples que Dieu a mis sous nos pieds, peuvent » nous trahir, nous *abandonner*. » La Br. *Car.* Ch. XII.

« Et quel est le mortel *abandonné* de Dieu et des » femmes... » Beaum. *Figar.* I, 8.

☞ S'emploie encore, dans cette même acception, avec les prépositions *dans*, *par*, *pour :*

« Ne m'*abandonnez* pas *dans* l'état où je suis. » Rac.

« Qui depuis, égarée en ce funeste lieu,
» *Pour* un maître barbare *abandonna son Dieu.* »
Volt. *Zaïr.* II, 1.

« C'est le premier des Romains qui ait *abandonné par* » traité quelques terres de l'empire. » Boss. *H. Univ.* I, 151.

« Tel *abandonne* son père... *pour* se retrancher sur » son aïeul. » La Br. *Car.* Ch. XIV.

« Il *abandonna* donc absolument toute autre étude *pour* » la philosophie de Descartes. » Fonten. V, 231.

☞ — En ce sens, s'emploie quelquefois sans régime dans le langage familier :

« Je t'abandonne. — *Abandonnez*. » Mol. *Av.* IV, 5.

— On dit que les médecins ont *abandonné* un malade, pour dire, qu'ils ont cessé de le voir, parce qu'ils désespèrent de sa guérison. *Acad.*

« Il le traitoit comme un malade désespéré qu'on *aban-* » *donne*. » Fénél. *Tél.* VII.

☞ 3. Exposer, livrer; sans régime indirect :

« Dans les plaisirs, on *abandonne* son cœur et son es- » prit; on se découvre tout entier. » La Fay. *Clév.* I, 177.

— Suivi de la préposition *à ;* livrer en proie une personne ou une chose, à une autre personne, ou à une autre chose; leur en permettre le libre usage, la jouissance; les en établir maîtres et possesseurs :

« Mais tu ferois pitié même à ceux qu'elle irrite,
» Si je t'*abandonnois à* ton peu de mérite. »
Corn. *Cinn.* V, 1.

« Madame, *à* mon malheur m'*abandonnerez-vous* ? »
Rac. *Iphig.* II, 5.

« J'*abandonne* ce traître *à* toute ta colère. »
Id. *Phèd.* IV, 2.

« Sans mesure et sans règle *au* vice *abandonnée*. »
Boil. *Sat.* X.

« Jadis tous les humains errants à l'aventure,
» *A* leur sauvage instinct vivoient *abandonnés*. »
J. B. R. II, *Od.* 10.

« Soit que ton Héloïse *aux* pleurs *abandonnée*. »
Colard. *Epît. d'Hel.*

« Eve *à* son jeune époux *abandonna* sa main. » Del. *J.* I.

(La poésie fait un fréquent et heureux usage de cette expression.)

« Il *abandonne aux* âmes communes le mérite d'une » vie suivie et uniforme. » La Br. *Car.* Ch. I.

« Il y a de petits défauts que l'on *abandonne* vo- » lontiers à la censure. » Id. *Ibid.* Ch. V.

« *Abandonné à* sa propre conduite. » Fonten. V, 48.

« Je l'*abandonne* ma vie lâche et efféminée en Lydie. »
Fénél. *Dialog.* 2.

« Je méritois d'être *abandonné à* moi-même. »
Id. *Tél.* VII.

« Il *abandonna aux* femmes le soin de l'éducation de ses » enfants. » Roll. *Tr.* IV, 356.

« Ces trois généreux défenseurs des lois et de l'innocence » *abandonnèrent à* la veuve le profit des éditions. »
Volt. XXXV, 291.

« Faut-il *abandonner* l'adulte à lui-même, au moment » qu'il sait le moins se conduire ? » J. J. R. *Em.* II, 323.

☞ Dans le même sens, s'emploie élégamment en poésie, et dans le style noble, avec un nom de chose pour sujet, et un autre pour régime :

« Et la voile flottoit *aux* vents *abandonnée*. »
Rac. *Phèd.* III, 1.

« Que sa cendre coupable *abandonnée aux* vents. »
Volt. *Brut.* I, 2.

« Ses longs cheveux *aux* vents flottent *abandonnés*. »
Del. *Imag.* V.

« Croyez-vous que votre vie soit *abandonnée aux* vents » et *aux* flots ? » Fénél. *Tél.* VI.

☞ Suivi de la préposition *à* et d'un verbe à l'infinitif : (peu usité).

« , ... Je n'aurois pas
» *abandonné* mon cœur *à suivre* ses appas. »
Mol. *Ec. d. Mar.* II, 9.

☞ 4. Céder :

« Porte aux Grecs cet enfant que Pyrrhus *m'aban-* *donne*. » Rac. *Andr.* III, 1.

« Nous ne saurions *leur abandonner* ces tours sans » nous exposer à leurs incursions » Fénél. *Tél.* X.

« Pour leurs mines, ils n'eurent aucune peine à *nous* » les *abandonner* : elles leur sont inutiles. » *Ibid.* VIII.

☞ S'ABANDONNER, v. pron. 1. s'emploie absolument, dans le sens de se laisser aller sans aucune retenue, sans frein, sans mesure, au propre et au figuré :

« Il *s'abandonne* entier et n'examine rien. » Corn.

« Elle *s'abandonna* dans les airs. »
La Font. *Psych.* II, 413.

☞ Dans ce sens, dont l'emploi n'est pas commun, se met quelquefois avec un nom de chose pour sujet :

« Des chars qu'il faut éviter, et qui *s'abandonnent* au » milieu des rues, comme dans une lice. » La Br. *Car.* Ch. III.

☞ 2. *Au fig.* se négliger, se relâcher, ne se point observer dans son maintien, dans ses discours, dans sa conduite :

« Je pouvois m'*abandonner* avec moins de retenue dans » l'abondance des délices de la vie. » Pasc. *Dict. Planche.*

« Elle (la vraie grandeur) *s'abandonne* quelquefois, se » néglige, se relâche de ses avantages. » La Br. *Car.* Ch. II.

☞ 3. Se dit d'un homme qui combat en désespéré, qui *abandonne* le soin de sa vie; et aussi, d'un homme qui agit en désespéré, qui renonce au soin de sa fortune, etc. :

« Plus il *s'abandonnoit*, plus il étoit terrible. » Volt. *Tancr.* V, 1.

« Cicéron ne pouvant plus douter qu'il n'en fût abandonné, *s'abandonna* pour ainsi dire lui-même. » Vert. *R. R.* II, 315.

« Je me défends, il *s'abandonne*. » Marmont. *C.* V, III.

« Cependant Pierre (le cruel) ne *s'abandonne* pas; il » va redemander à un héros le sceptre qu'un héros lui » a ravi. » Gaill. *Rival. de la Fr.* V, 170.

4. Se dit encore d'une femme qui se prostitue :

« Le mauvais exemple d'une mère porte quelquefois une » fille à *s'abandonner*. » *Dict. Acad.*

« Semblables à ces malheureuses qui pouvoient *s'abandonner* publiquement avec impunité. » St. Réal, *Crit.* I, 27.

« Cette fille, d'un enjouement et d'une liberté qui pro- » mettoit tout, eut pourtant l'adresse de ne *se* pas *abandonner* entièrement. » Volt. XIX, 299.

S'ABANDONNER, suivi de la préposition *à*; 1. se livrer en proie, aveuglément; se prend d'ordinaire en mauvaise part :

« *S'abandonner* à la débauche, *aux* vices, *à* ses passions. *S'abandonner aux* femmes. *S'abandonner* à la » douleur, *aux* pleurs. » *Dict. Acad.*

« Comme *aux* tentations *s'abandonne* votre âme! » Mol. *Tart.* IV, 7.

« Une fausse vertu qui *s'abandonne au* vice. » Boil. *Sat.* X.

« Mon cœur désespéré *s'abandonne* à la rage. » Quin. *Pros.* III, 7.

« *S'abandonner aux mers* sur la foi de leurs voiles. » L. Rac. *Rel.* III.

« Charles qui *s'abandonne à* d'indignes ministres. » Volt. *Adel.* III, 7.

« Pour empêcher sa femme de *s'abandonner* à la tris- » tesse. » La Fay. *Clev.* I, 94.

« Après être convenus de *s'y abandonner* (*aux* larmes.) » La Br. *Car.* Ch. I.

« Je ne comprends pas comment un mari qui *s'abandonne à* sa complexion et *à* son humeur. » *Ibid.* Ch. III.

« Comment, pendard, c'est toi qui *t'abandonnes à* ces » coupables extrémités? » Mol. *Av.* II, 2.

« Tous les Cypriens qui étoient dans le vaisseau *s'abandonnoient à* une folle joie. » Fénél. *Tél.* IV.

« Il se défie des gens de bien et *s'abandonne à* des scé- » lérats. » *Ibid.* III.

« Il *s'est abandonné à* une folle ambition et *à* tous les » plaisirs. » *Ibid.* VI.

« Il *s'abandonnoit* à la plus honteuse ivrognerie. » Volt. V, 194.

— Par extension se dit d'une femme qui se donne, qui se livre, qui se prostitue :

« Une fille de condition qui *s'abandonne à* des valets. » Le S. *Gusm.* III, 21.

2. Se fier à, se confier en, se reposer sur; se prend en bonne part : « *S'abandonner à* la providence, » pour se remettre entièrement entre les mains de la Providence. *Acad.*

« Fais ce que tu voudras, *je m'abandonne à* toi. » Rac. *Phèd.* III, 3.

« *S'abandonner à* quelque puissant roi,
» Que s'appuyer de plusieurs petits princes. » Lafont.

« Va, mon cœur à ta foi tout entier *s'abandonne*. » Volt. *Brut.* II, 1.

« Qu'à mes soins diligents votre cœur *s'abandonne*. » Regn. *Démocr.* I, 6.

« Il est plus sûr de s'arrêter à l'autorité de l'Église, que » de *s'abandonner aux* foibles efforts de notre misérable » raison. » Nicol. *Ess. de Mor.* II, 51.

« Quelques jeunes personnes ne connoissent point les » avantages d'une heureuse nature, et combien il leur se- » roit utile de *s'y abandonner*. » La Br. *Car.* Ch. III.

3. Suivi d'un verbe à l'infinitif, a le sens de : se permettre de; se donner la permission, la liberté, la licence de : (locution peu usitée.)

« Le moindre défaut des femmes qui *se sont abandonnées à faire* l'amour, c'est de faire l'amour. » La Rochef. *R.* 131.

« Elle peut *s'abandonner à* vous aimer. » Pasc.

« Ne pas *s'abandonner* témérairement à punir les cou- » pables. » Boss. *Dict. de Planche.*

☞ S'ABANDONNER, v. récipr. :

« Nous avons pris chacune une haine mortelle
» Pour un nombre de mots, soit ou verbes ou noms,
» *Que* mutuellement *nous nous abandonnons*. » Mol. *Fem. Sav.* III, 2.

ABAQUE. s. m. (Etym. ἄβαξ, ἄβακος. Lat. *abacus*.)

☞ 1. Table arithmétique, inventée par Pythagore :

« Le nombre dénaire contient, selon lui, tous les rap- » ports numériques et harmoniques, et forme, ou plutôt » termine son *abaque* ou sa table. » Dider. VII, 50.

2. Ornement qui entre dans la composition du chapiteau corinthien :

« Une chose m'a paru peu judicieuse dans l'ordre co- » rinthien, d'avoir donné pour chapiteau à la colonne de » cet ordre une corbeille ou panier environné de feuilles, » et couronné ou couvert d'une espèce de tuile carrée que » Vitruve et les autres maîtres appellent *abaque* ou tail- » loir. » Vigneul, t. III, 166.

ABASOURDI, IE. part. d'*abasourdir*.

ABASOURDIR. v. a. (Rac. *sourd*.)

1. Étourdir, fatiguer les oreilles, assourdir.

2. *Fig.* Étonner, étourdir, consterner :

« Il a été *abasourdi du* coup; cette nouvelle l'a *abasourdi*. » *Dict. Acad.*

« .... Ce coup m'*abasourdit*. » Dufr. *Réc.* II, 9.

« Il a écrit au jeune auteur, lequel est tout *abasourdi de* » la prise de Pondichéry, qui lui coûte juste le quart de » son bien. » Volt. LXXIV, 431.

« Je les vis l'un et l'autre atterrés, *abasourdis*, ne ré- » pondant pas un mot. » J. J. R. *C.* XX, 197.

« Je suis tout *abasourdie*; je ne sais où j'en suis. » du Deff. II, 188.

Rem. Ce verbe, surtout au figuré, n'est pas du style soutenu.

ABATAGE. s. m. Signifie, entre marchands de bois, la peine et les frais pour *abattre* les bois qui sont sur pied :

« C'est à l'acheteur de payer l'*abatage*. » *Dict. Acad.*

ABATARDI, IE. part. d'*Abâtardir*.

ABATARDIR. v. a. (Rac. *bâtard*.) Corrompre, altérer, faire dégénérer; ne se dit qu'au figuré :

« La longue servitude *abâtardit* le courage. » *Dict. Acad.*

« L'excellence du naturel, lequel... n'avoit point été *abâtardi* par la solitude. » Lafont. *Ps.* II, 133.

« Jamais on n'a vu votre empire si lâche, si efféminé, » si *abâtardi*, si indigne des anciens Romains. » Fénél.

« On a vu par-là des races de héros entièrement *abâtardies*. » Volt. LVII, 121.

« Les grains, les fleurs, les animaux, dégénèrent ou » plutôt prennent une si forte teinture du climat, que la ma- » tière domine sur la forme et semble l'*abâtardir*. » Buff. *Quadr.* VI, 27, Lac.

— S'ABATARDIR. v. r. Se corrompre, s'altérer :

« Les jeunes gens *s'abâtardissent* dans l'oisiveté, dans » les délices. Ce plant de vigne *s'est abâtardi*. » *Dict. Acad.*

ABATARDISSEMENT. s. m. État d'une chose *abâtardie*; altération; dégénération. Il ne s'emploie, comme le mot précédent, que dans le sens figuré :

« L'*abâtardissement* du courage; l'*abâtardissement* » d'un plant de vigne. » *Dict. Acad.*

(Peu usité.)

ABAT-JOUR. s. m. qui ne prend point le signe du pluriel; car il signifie une chose qui *abat le jour*, et non *les jours*. Il faut donc, malgré l'*Acad.*, dire des *abat-jour*, et non pas des *abat-jours*. (Lav.) — Sorte de fenêtre, dont l'appui est en talus, afin que le jour d'en haut se communique plus facilement dans le lieu où elle est pratiquée.

ABATIS. s. m. (Rac. *abattre*.)

☞ 1. Action d'*abattre* des branches, des arbres :

« Le Scythe, retourné dans sa triste demeure,
» Prend la serpe à son tour, coupe et taille à toute heure,
» Conseille à ses voisins, prescrit à ses amis
« Un universel *abatis*. » Lafont. XII, *F.* 20.

2. Amas de choses *abattues*, telles que pierres, arbres, etc. :

« Les ennemis embarrassèrent les chemins par de grands » *abatis* d'arbres. » *Dict. Acad.*

« Le peu de soin qu'on prit dans cet *abatis* tumultueux » pour rabattre les estocs. » Grosl. *Ephem. E.* 118.

« Cette vaste terre n'est donc qu'une forêt...dans laquelle » des sauvages en petit nombre ont fait quelques clairières » et de petits *abatis* pour pouvoir s'y domicilier. » Buff. *M. G.* VIII, 291.

— On dit aussi faire un *abatis*, un grand *abatis* de gibier, pour en tuer beaucoup. *Dict. Acad.*

☞ 3. *Fig.* Action de détruire, de mettre en pièces (style familier) :

« Si, pendant que j'étois en Italie, une personne qui m'est » chère n'eût fait en mon absence, comme la nièce de D. » Quichotte, un *abatis* entier et une déconfiture générale » de tous mes papiers. » Palaprat, dans *Brueys*, II, Xj.

— On appelle aussi *abatis*, les pieds, la tête, le cou, les ailerons, etc, des volailles : un *abatis* de diudons. *Acad.*

ABATTEMENT. s. m.

1. Affoiblissement physique :

« Ce malade est dans un grand *abattement*. » *Dict. Acad.*

« Admirez cette femme forte qui résiste aux foiblesses de » son sexe dès son enfance,.... à la douleur dans son *abattement* et dans sa mort même. » Fléch. *Or. Mme. de Monf.*

« Cette médecine m'a jeté dans un *abattement* dont les » plus agréables nouvelles ne sauroient me relever. » Boil. *Lett. à Rac. Œ.* VII, 225.

« Tu veux en vain me cacher tes peines, je les lis, mal- » gré toi, dans la langueur et l'*abattement* de tes yeux. » J. J. R. *H.* I, 136.

☞ — Il s'emploie aussi, mais plus rarement, avec le pluriel :

« Ma santé est assez bonne, Dieu merci, mais les chaleurs » m'ont jeté dans de grands *abattements*. » Rac. *Œ.* VII, 462.

« Ces langueurs, ces *abattements*, que Tertullien a si » bien appelés des portions de la mort. » Massil. *Planche.*

2. Affoiblissement moral, langueur morale, tristesse :

« L'*abattement* s'exprime en des termes moins fiers. » Boil. *A. P.* III.

« Dans l'*abattement* où vous met cette nouvelle. » Voit. I, 179.

« Si c'est contre quelque autre (que vous ayez parlé), » quel *abattement*! quel repentir! » La Br. *Car.* Ch. VIII.

« L'inquiétude, la crainte, l'*abattement* n'éloignent » pas la mort. » Id. *ibid.* Ch. XI.

« Nulle parole ne sortoit de sa bouche; c'étoit un silence » de désespoir et d'*abattement*. » Fénél. *Tél.* XVII.

« Ils tombent dans un *abattement* affreux, à la moindre » fumée du Vésuve. » Mont. *Œ. M.* II, 41.

« Il est dans un extrême *abattement* d'esprit. » La Harp. *Corresp.* IV, 172.

« Mille angoisses de toute espèce m'avoient jetée dans » l'*abattement*; ta lettre est venue ranimer mon courage » éteint. » J. J. Rouss. *H.* t. I, 235.

« Ceux qui, comme moi, l'ont connu cet amour filial si » tendre, n'ont pas besoin que je leur dise quels étoient la » tristesse et l'*abattement* de mon âme. » Marm. *Mém.* II.

ABATTEUR. s. m. Qui *abat*. Il ne se dit guère absolument : « Ce bûcheron est un grand *abatteur* » de bois. » En parlant d'un homme fort adroit au jeu de quilles, on dit : c'est un grand *abatteur* de quilles. Il se dit au figuré d'un homme qui a fait de grandes choses; mais plus communément et par ironie, d'un homme qui se vante d'avoir fait ce qu'il n'a pas fait; il est familier. *Acad.* (Ne se trouve dans aucun auteur).

ABATTOIR. s. m. Edifice, lieu où les bouchers tuent le bétail. l'Académie donne *abatis*. L'usage actuel est de dire *abattoir*.

ABATTRE. v. a. (Rac. *bas*, *à bas*, ou plutôt *abattere*, mot de la basse latinité, et italien. Voy. Ménage et Furetière.)

1. Jeter à bas, renverser, faire tomber :

« *Abattre* des maisons, des murailles, des arbres; *abattre* » par le pied; ils ont *abattu* nos fruits; il a *abattu* son bois » de haute-futaie. » *Dict. Acad.*

« Du lutrin, disent-ils, *abattons* la machine. » Boil. *Lut.* IV.

« J'*abats* ce qui me nuit, partout où je le trouve. » *Ibid.*

« Cours au logis; dis qu'on *le* vienne *abattre*. » Laf. *C.* I, 7.

« Reste d'un tronc par les vents *abattu*. » Rac. *Esth.* II, 9.

« La maison est à nous; on ne peut rien en faire;
» Un jour je l'*abattrais*. » Gress. *Méch.* III, 9.

« Renversera la Mecque à tes pieds *abattue*. » Volt. *Mah.* II, 1.

« Le vieillard avoit *abattu* les arbres qui pouvoient nuire » à la vue. » Lafont. *Ps.* II, 113.

« Je m'amuse à faire *abattre* de grands arbres. » Sévign. *L.* 174.

« Il alla dans cette caverne, trouva les instruments, » *abattit* les peupliers. » Fénél. *Télém.* VII.

« En parlant ainsi, il assemble tous ces arbres qu'il vient » *d'abattre*. » Id. *ibid.* XV.

« J'attendois que nous allassions ensemble *abattre* des » pommes. » Mariv. XII, 189.

« Le duc de Lorraine avoit fait *abattre* les armes de » France. » Volt. *Ess.* Ch. LXXIX.

— Se dit aussi dans le même sens des hommes :

« Il le prit rudement au collet, et l'*abattit* sous lui. » *Dict. Acad.*

« Trois fois je l'*abattis*, trois fois il se releva. »
Fénél. *Tél.* II.

☞ — Avec un régime indirect, au moral :

« Phalante demeura épuisé et *abattu d'*un excès de » douleur. » Fénél. *Tél.* XVII.

☞ Par extension et plus communément, il signifie : tuer, renverser mort :

« . . . . Et que prétendois-tu,
» Après m'avoir au temple *à* tes pieds *abattu?* »
Corn. *Cinn.* V, 1.

« On te croiroit toujours *abattu* sans effort. »
Id. *Cid*, II, 2.

« Chacun se disputoit la gloire de l'*abattre*. »
Rac. *Andr.* V, 3.

— En parlant des animaux, signifie : Renverser, coucher à terre; faire plier jusqu'à terre; étendre par terre :

« Ce cheval est fougueux; on est contraint de l'*abattre* » pour le ferrer. » *Dict. Acad.*

Ext. Tuer :

« Il alloit d'un bout de la terre à l'autre *abattre* les » monstres. » Fénél. *Tél.* XV.

« L'hydre de Lerne *abattue* par Hercule. » *Ibid.* XVIII.

— *Abattre* du gibier, se dit familièrement pour tuer beaucoup de gibier. *Acad.*

— *Abattre* de la besogne, autre locution familière, pour dire, expédier beaucoup d'affaires, achever beaucoup d'ouvrage.

☞ 2. Abaisser, faire descendre :

« Un poirier qui *abattoit* ses branches, chargées de » fruits, jusqu'*à* la portée de leurs bras. » Maroll. *M.* I, 21.

« C'est le crystallin qu'il s'agit d'*abattre*. » Mair. *El.* 25.

« Il *abattit* . . . les cataractes *à* une fille. » *Ibid.* 27.

3. *Fig.* Affoiblir, décourager, attrister, jeter dans la langueur; avec ou sans régime :

« Eh! que puis-je au milieu de ce peuple *abattu!* »
Rac. *Ath.* I, 1.

« Lâches, où fuyez-vous? quelle peur vous *abat?* »
Boil. *L.* IV.

« Mais que vos cœurs du moins, imitant leurs vertus,
» *De* l'aspect d'un hibou ne soient point *abattus.* » *Ibid.*

« *Par* un reproche populaire
» Le sage n'est point *abattu.* » Lamott. I, 526.

« Où tu vois tes égaux *à* tes pieds *abattus.* »
Volt. *Mah.* II, 5.

« Le sénat romain ne se laissoit jamais *abattre.* »
Boss. *H. Univ.* 220.

« Pourquoi vous laissez-vous *abattre aux* rigueurs de » la fortune? » Fénél. *Tél.* VII.

« Les rois qui ne songent qu'à se faire craindre et qu'à » *abattre* leurs sujets. » Id. *ibid.* II.

« L'invincible Ulysse que la fortune ne peut *abattre.* »
Ibid.

« Sa vieillesse paroissoit flétrie et *abattue* auprès. »
Id. *ibid.* X.

« Quand les grands hommes se laissent *abattre par* la » longueur de leurs infortunes. » La Roch. *R.* 24.

« On me rapporta donc en mon logis, dans la même » couverture, si *abattu* qu'il n'est pas possible de l'être » plus. » Voit. I, 21.

« L'aspect d'une contenance *abattue*, d'un visage hâve. »
J. J. R. *Em.* II.

« Nous éprouvons la plus grande des afflictions; ne » nous *y* laissons point *abattre.* » Marm. *Mém.* I.

« Il importoit, après de si terribles disgrâces, de rassurer » une nation *abattue* et intimidée. » La H. *Charl.* V.

— Se dit aussi des affections, des qualités de l'âme :

« *J'abattrai* d'un seul coup sa tête et ton orgueil. »
Corn. *Héracl.* III, 3.

« Ses malheurs n'avoient point *abattu* sa fierté. »
Rac. *Ath.* II, 5.

« Ni les maux qu'elle a prévus, ni ceux qui l'ont sur- » prise, n'ont *abattu* son courage. Boss. *O. R. d'Angl.*

« Une vertu que les mauvais succès mêmes ne peuvent » *abattre.* » Fénél. *Tél.* V.

4. Apaiser, calmer, diminuer, faire cesser :

« Petite pluie *abat* grand vent. » *Acad.*

« Comme le dernier rayon du jour *abat* les vents. »
Chat. *Gén.* III, 295.

☞ 5. Absolument, dans le sens de jeter *à bas :*

« La dame dit; *abattez* seulement;
» Quant au surplus, ce n'est pas votre affaire. »
Laf. *C.* I, 7.

— « Que parle-t-il d'*abattre?* » Gress. *Méch.* III, 9.

— S'emploie aussi neutralement, au moral :

« Rien n'*abat* comme une longue souffrance, qui n'a de » terme que la mort. » La H. *Corr.* IV, 172.

— Ce verbe s'emploie encore avec un régime direct de la chose, et indirect, de la personne; 1. au propre :

« On *lui a abattu* la tête de dessus les épaules. Il *lui* » *abattit* le bras d'un coup de sabre. » *Dict. Acad.*

« Il saisit une hache; *s'abat* le poignet. » Dider. IX, 58.

— 2. Figur. ;

« Et tu ne prétends pas qu'il *m'abatte* le cœur. »
Corn. *Pomp.* III, 5.

(Peu usité. L'*Académie* en donne cependant un exemple : « Cette perte *lui a abattu* le courage. »

Bourdaloue a dit de même :

« Elle *leur abattoit* le courage. » *Panég.* II, 114.

Et St.-Simon :

« Cela lui émoussa l'esprit, *lui abattit le* courage. »
Mém. IV, 199.)

S'ABATTRE, v. p. se dit, 1. absol. d'un cheval ou d'un autre animal de course ou de transport à qui les pieds manquent :

« *De* la force du coup pourtant il *s'abattit.* »
Lafont. VIII, *F.* 27.

« Un limonier *s'abat;* l'autre se cabre. » Piron, IX, 7.

« Hippomaque pressant trop ses chevaux, le plus vigou- » reux *s'abattit.* » Fénél. *Tél.* V.

« L'excellence des chevaux barbes consiste à ne *s'abattre* » jamais. » Buff. *Quadr.* VI, 39, Lac.

« Son cheval *s'abattit* et lui fracassa la cuisse. »
Volt. *Charl.* XII, liv. II.

2. Avec la prépos. *sur*, d'un oiseau qui abaisse son vol et s'arrête sur un objet :

« Il *s'abat sur* sa proie. Une volée de pigeons *s'abattit* » *sur* mon champ. » *Dict. Acad.*

« *Sur* l'animal bêlant à ces mots il *s'abat.* »
Lafont. II, *F.* 16.

« Cent fois l'oiseau volage interrompt son essor,
» S'élève, redescend, et se relève encor,
» *S'abat sur* une fleur, se pose sur un chêne. »
Del. *Im.* V.

« Des corbeaux trompés par la ressemblance vinrent » *s'abattre sur* les décorations. » Guér. *Plin.* II, 283.

— Se dit encore d'un bâtiment, pour crouler; d'un orage, pour fondre; du vent, pour s'apaiser, se calmer. *Acad.*

☞ 3. *Fig.* Se décourager :

« Faut-il *sous* la douleur qu'un si grand cœur *s'abatte?* »
Lagrang. *In.* II, 2.

» Dites à nos femmes qu'elles ne *s'abattent* point. »
Sévign. *L.* I, 28.

« *S'abattre* dans la vue de leur foiblesse présente. » Pasc.

ABATTU, UE. partic. d'*abattre.*

L'emploi de ce mot est très-fréquent en poésie et en prose, dans les diverses acceptions précédemment indiquées.

ABATTURES. s. f. plur. Terme de chasse. Foulures qu'un cerf laisse dans les broussailles où il a passé.

ABAT-VENT. s. m. Charpente couverte d'ardoises ou de tuiles, pour garantir du vent ou de la pluie les ouvertures d'un édifice.

ABBATIAL, ALE. adj. Qui appartient à un abbé, à une abbesse :

« Palais *abbatial.* Droits *abbatiaux.* Fonctions *abba-* » *tiales.* Dignité, mense *abbatiale.* » *Dict. Acad.*

« J'ai aussi fort accommodé la maison *abbatiale.* »
Marol. *Mém.* I, 153.

☞ On dit subst. l'ABBATIALE, pour la maison *abbatiale :*

« L'*abbatiale* étoit devenue le réduit de ces scènes noc- » turnes. » Dider. XI, 274.

ABBAYE. s. f. (pron. *abéie.*) Monastère de religieux gouverné par un abbé, ou de religieuses gouverné par une abbesse :

« *Abbaye* royale, en règle, en commende, sécularisée; » riche. — Le roi lui a donné une *abbaye.* — *Abbaye* » de l'ordre St.-Benoît, etc. » *Dict. Acad.*

« Comme il menoit cette joyeuse vie,
» Tel qu'un abbé dans sa grasse *abbaye.* » Volt. *P.* I.

« Ce garçon si frais, si fleuri et d'une si belle santé, est » seigneur d'une *abbaye.* » La Br. *Car.* Ch. VI.

« Il s'est trouvé des filles qui avoient de la vertu, de la » santé, de la ferveur et une bonne vocation, mais qui » n'étoient pas assez riches pour faire dans une riche *ab-* » *baye* vœu de pauvreté. » Id. *ibid.* Ch. XIV.

« Charles Martel fut damné en corps et en âme pour » avoir donné des *abbayes* en récompense à ses capitaines. »
Volt. *Dict. philos.*

« Le duc de Sully, huguenot, avoit une *abbaye.* »
Id. *ibid.*

☞ Par extension, s'est dit du revenu que rapportoit une *abbaye* à celui ou à celle qui en étoit pourvue :

« Phrases outrées, dégoûtantes, qui sentent la pension » ou l'*abbaye.* » La Br. *Car.* Ch. I.

— Il signifie quelquefois aussi les seuls bâtiments du monastère :

« Une *abbaye* bien bâtie. Une *abbaye* qui tombe en » ruines. » *Dict. Acad.*

— On dit proverbialement : pour Un moine l'*abbaye* ne faut pas, ce qui signifie : pour Une personne qui manque, dans une opération concertée entre plusieurs, la chose ne s'exécute pas moins. *Ibid.*

ABBÉ. s. m. (Rac. abba, *père*, en syriaque; Voy. Ménage.)

1. Supérieur d'une abbaye d'hommes :

« Le titre d'*abbé*, qui signifie père, n'appartenoit qu'aux » chefs des monastères. » Volt. XVII, 98.

« L'*abbé* étoit leur père spirituel. » Id. XLVII, 44.

« Ni les *abbés* ni les moines ne furent prêtres dans les » premiers siècles. » *Ibid.* 40.

« *Abbé* régulier. *Abbé* crossé et mitré. *Abbé* triennal. » *Abbé* commendataire. Élire, bénir un *abbé.* » *Acad.*

2. Tout homme qui porte l'habit ecclésiastique :

« Petits *abbés* qu'une verve insipide
» Fait barboter dans l'onde Aganippide. »
J. B. R. *Epît.* III.

« Il pleut des *abbés* et des demoiselles; dès qu'un petit » cuistre est habillé de noir, on l'appelle *M. l'abbé.* »
Richel. *Dict.*

« Théonas, *abbé* depuis trente ans, se lassoit de l'être. »
La Br. *Car.* Ch. VIII.

« Certains *abbés* à qui il ne manque rien de l'ajustement, » de la mollesse et de la vanité. » Id. *ibid.* XIV.

« Si vous n'êtes monsieur l'*abbé* que pour avoir été ton- » suré, pour porter un petit collet, un manteau court, et » pour attendre un bénéfice simple, vous ne méritez pas » le nom d'*abbé.* » Volt. XLVII, 44.

« Il faut pourtant que cette querelle de dévote et d'*abbé* » finisse. » Marm. *Mém.* II.

— On dit proverbialement, en parlant d'une personne absente; on l'attend comme les moines font l'*abbé*, pour dire qu'on ne l'attend pas.
Dict. Acad.

ABBESSE. s. f. Supérieure d'une abbaye de religieuses :

« Madame l'*abbesse* qui, pour être jeune et à la fleur de » l'âge, n'en est pas moins sage. » Patru, 94.

A B C. (Pron. *abécé.*) s. m.

1. Alphabet, rudiment de lecture :

« Quand nous avons dit que les marchands de Tyr en- » seignèrent leur *ABC* aux Grecs, nous n'avons pas pré- » tendu qu'ils eussent appris aux Grecs à parler. »
Volt. *Dict. Philos.* au mot *Alphabet.*

2. *Ext.* Les principes, les éléments d'un art, d'une science quelconque :

« Ce n'est là que l'*abc* des mathématiques. » *Dict. Acad.*

« L'enchanteresse Nérie
» Fleurissoit lors, et Circé
» Auprès d'elle en diablerie
» N'eût été qu'à l'*ABC.* » Lafont, *I*, C. 14.

» Dans l'histoire grecque versé,
» Sur la nôtre être à l'*ABC.* Pann. I, 334.

« Il m'auroit fait beau voir avecque des lunettes,
» Faire, en jeune apprenti, ces fonctions secrettes,
» C'étoit, à soixante ans, nous mettre à l'*ABC.* »
Regn. *Lég.* II, 11.

« C'est le fondement et l'*ABC* de toute notre morale. »
Pasc. *Prov.* I, 86.

« Pareils exercices qui ne sont que l'*ABC* de l'école des » filous. » Le Sag. *Gusm.* II, 146.

— On dit proverbialement dans ce sens, renvoyer quelqu'un à l'*abc*, pour le traiter d'ignorant; remettre quelqu'un à l'*abc*, pour l'obliger à recommencer de nouveau. *Acad.*

☞ On écrit aussi ABÉCÉ :

« Apprendre son *abécé* : enfant qui apprend son *abécé.*
Nicot.

« Le peuple dit chez nous : l'enfant étudie l'*Abécé.* »
Volney, *Alph. europ.* p. 2.

✠ A B C D. (Pron. *abécédé.*) Le même sens qu'*ABC* :

1. Alphabet :

« Savant jusqu'à l'*ABCD.* » J. B. R. III, *Ep.* 30.

2. Eléments, premiers principes :

« Nous voilà tous ignorant l'*ABCD* de la langue et de » poésie. » Le Brun, IV, 224.

On écrit aussi ABÉCÉDÉ, et il se peut décliner.

— Dans l'exemple suivant, *abécédé* est mis par extension, pour Livre élémentaire quelconque :

« Plats *abécédés!* plats journaux! » Le Br. III, *Epigr.* 36.

ABCÉDER. v. n. Terme de chirurgie ; Se tourner en *abcès* : Cette tumeur *abcédera*. *Dict. Acad.*

ABCÈS. s. m. (Etym. *abscessus*, division, séparation ; parce que les chairs *abcédées* se divisent, forment un vide.) Tumeur contre nature, remplie de pus, laquelle se termine par suppuration :

« *Abcès* au foie, au poumon. Vider un *abcès*. L'*abcès* a » crevé. Il y a danger qu'il ne se forme un *abcès*. » *Acad.*

« Il avoit un *abcès* dans la poitrine, qui s'est crevé tout » d'un coup. » Sévigné, *L.* 249.

« Le pauvre garçon n'en peut plus, et cet *abcès* le pour- » roit étouffer. » Mol. *Fest.* IV, 11.

« Il lui perça une espèce d'*abcès* à la région du foie. » L. Rac. V, 167.

« Il se blessa à la tête ; il s'y forma un *abcès*. » Le Sag. *D. Boit.* II, 126.

ABDICATION. s. f. Action d'*abdiquer* une dignité, et le plus communément la dignité royale ; se dit 1. De la chose abdiquée :

« Remportant avec lui la science de la construction des » vaisseaux, achetée courageusement par une espèce d'*ab-* » *dication de* la dignité royale. » Fonten. *El. du C. Pierre.*

« Christine étonna l'Europe par l'*abdication de* sa cou- » ronne. » Volt. XXI, 140.

2. De celui qui abdique :

« Ni l'*abdication de* ce roi, ni sa tentative pour re- » prendre le sceptre, ... ne causèrent le moindre mouve- » ment. » Volt. XXV, 51.

« Le valet de chambre de Sylla auroit peut-être bien ri » d'entendre les politiques raisonner sur l'*abdication de* » son maître. » Marm. *C.* I, 35.

☞ S'emploie aussi absolument :

« Ceux qui lui reprochoient de la légèreté et une *abdi-* » *cation* volontaire. » Volt. *Ch. XII*, liv. III.

« Il ne se trouve dans les dépôts publics aucun monu- » ment de cette *abdication*. » Gaill. *Querel.* V, 303.

Abdiqué, ée. partic. d'*Abdiquer.*

ABDIQUER. v. a. Quitter une dignité, un emploi, de son propre mouvement, et avant le temps fixé pour l'expiration :

« Il y a justement sept ans que j'obtins de votre émi- » nence son agrément pour *abdiquer* la seule dignité que » j'aie dans ce monde, celle de secrétaire de l'académie des » sciences. » Fonten. T. II, 150.

« Victor Amédée... lassé des affaires et de lui-même, » *abdiqua*, par un papier... la couronne qu'il avoit por- » tée le premier de sa famille. » Volt. XXV, 50.

« Faut-il *abdiquer* mon autorité (d'instituteur), lors- » qu'elle m'est le plus nécessaire ? » J. J. R. *Em.* II, 323.

— Il se dit aussi en parlant Des magistrats des anciens Romains : *Abdiquer* la dictature, le consulat. *Dict. Acad.*

☞ Par extension, se dit des lieux, des choses qu'on quitte :

« Sans *abdiquer* Paris ni la cour. » St-Sim. *Mém.* IV, 36.

— Se met sans régime, neutralement : Ce prince *a abdiqué* ; on l'a forcé d'*abdiquer*. *Dict. Acad.*

« Avant d'*abdiquer*, elle engagea les États de la Suède » à élire en sa place son cousin Charles-Gustave. » Volt. *Charl. XII*, liv. I.

ABDOMEN. s. m. (Mot purement latin. On fait sonner l'*n*.) Le bas-ventre, et particulièrement, cette partie du bas-ventre qui renferme les intestins :

« Souvent des hommes ont leurs testicules cachés dans » l'*abdomen*. » Volt. LV, 245.

« Je souffre beaucoup de l'*abdomen*. » Flor. *N. M.* 109.

ABDOMINAL, ALE. adj. Qui appartient à l'*abdomen*, qui en dépend : Des artères *abdominales*. *Acad.*

« Les muscles *abdominaux* qui sont très-puissants. » Lacép. *Cét.* I, 105.

☞ 2. On appelle *abdominaux*, en histoire naturelle, des poissons à arêtes, dont les nageoires ventrales sont placées plus près de l'anus que des pectorales.

ABDUCTEUR. adj. masc. (Rac. *abductor*, *abducere*.) Se dit de certains muscles destinés à tirer en dehors, à écarter certaines parties : Muscle *abducteur*. *Acad.*

— Se prend aussi substantivement : l'*Abducteur* de l'œil. *Acad.*

« Il supposoit que les constricteurs des paupières devoient » être renforcés dans les orgueilleux, et les *abducteurs* » dans les ivrognes et dans les spéculateurs qui ont le mou- » vement de l'œil grave et constant. » Larch. *Mart.* 126.

ABÉCÉ. Voy. *ABC.*

ABÉCÉDAIRE. adj.

1. Qui concerne l'*abcd*, l'alphabet : Ordre *abécédaire*. *Acad.*

☞ 2. *Fig.* Qui est à l'*abcd*, aux études de l'enfance :

« L'on peut étudier à tout âge, mais non pas à tout » âge être étudiant. Rien de plus honteux et de plus ridicule » qu'un vieillard *abécédaire*. » La Gr. *Sen.* II, 176. (Cela est imité de Montaigne, *Ess.* II, p. 594. « On peut conti- » nuer à tout temps l'étude, non pas l'escholage. La sotte » chose qu'un vieillard *abécédaire!* »)

« C'est un *abécédaire* qui commence seulement d'ap- » prendre à lire. » Debrieux, *Orig.* 30.

— Se dit aussi substantivement en sous-entendant *livre*, pour Livre où l'on apprend l'alphabet, les principes de la lecture.

ABÉCÉDÉ. Voy. *ABCD.*

ABECQUER, ABÉQUER. v. act. (Rac. *bec.*) Nourrir (un oiseau) en donnant la béquée. Il est du langage le plus familier. *Acad.*

ABÉE. s. f. L'*Acad.* donne ce nom à l'ouverture par laquelle coule l'eau qui fait tourner un moulin. C'est ce qu'on appelle une *Bée*. Voy. l'*Encyclopédie*, à ce mot.

ABEILLE. s. f. (Rac. *apis*, *apicula*, en latin ; *abeja*, en espagnol.) Mouche à miel :

« Comme on voit au printemps la diligente *abeille*, » Qui du butin des fleurs va composer son miel. » Boil. *D. au Roi.*

« Tout vrai poëte est semblable à l'*abeille*. » J. B. R. I. *Epît.* 1.

« L'hymen est inconnu de la publique *abeille*. » Delille, *G.* IV.

« Virgile n'a chanté sur les *abeilles* que les erreurs de » son temps. » B. St. P. *Etud.* I, 31.

« Les *abeilles* peuvent paroître supérieures à la race » humaine, en ce qu'elles produisent de leur substance une » substance utile. » Volt. XLVII, 49.

« Partout les *abeilles* vivent en république. » Id. *ibid.*

« Ils revenoient dans leur ville, comme un essaim d'*a-* » *beilles* à la ruche après le butin. » Marm. *Mém.* I.

☞ *Fig.* On a appelé *Abeilles* quelques écrivains, à cause de la douceur de leur style, qui ressembloit à celle du miel. On a surnommé Xénophon l'*Abeille attique* ; on a dit de même :

« Un honnête homme (M. Rollin) a, par ses ouvrages » d'histoire, enchanté le public.... C'est l'*abeille* de la » France. » Mont. *Œ. M.* II, 130.

ABERRATION. s. f. (Rac. *aberratio*, écart.) Mouvement apparent des étoiles fixes, causé par le mouvement de la lumière combiné avec le mouvement annuel de la terre. Voy. Lalande, *Ab. d'Astr.* 772 :

« Il se fit en Angleterre une découverte nouvelle et tout- » à-fait imprévue dans l'astronomie, celle des *aberrations* » ou écarts des étoiles fixes. » Fonten. VI, 643.

« Bradley trouva enfin l'*aberration* de la lumière des » fixes. » Volt. XXIV, 251.

☞ Se dit aussi d'un écart d'esprit, d'un dérangement moral. (Il est nouveau et n'a encore, à notre connoissance, reçu la sanction d'aucun bon écrivain. Voy. Ste.-Croix, *Préface des Gouvernements fédératifs.*)

ABÊTIR. v. a. (Rac. *Bête.*) Rendre *bête*, stupide ; abrutir :

« Vous *abêtirez* cet enfant. » *Dict. Acad.*

« Trop de jeunesse et trop de vieillesse empêchent » l'esprit ;... trop et trop peu d'instruction l'*abêtissent*. » Pasc. *Pens.* I, 100.

— L'*Académie* dit qu'on l'emploie aussi neutralement : « Il *abêtit* tous les jours. » Nous n'en connoissons point d'exemple. — Il est familier.

AB HOC ET AB HAC. Mots latins qui signifient *deçà et delà* :

1. Sans ordre, au hasard :

« Il ne sait ce qu'il dit ; il en parle, il en raisonne *ab hoc* » *et ab hac*. » *Dict. Acad.*

« Qu'on raisonne *ab hoc et ab hac* sur mon existence » présente. » Font. t. II, 308.

« Je me suis hâté de vous faire *ab hoc et ab hac* mes pe- » tites observations, dans la crainte de les rendre trop tar- » dives. » J. J. R. *Lettr.* t. XXXV, p. 86.

☞ 2. Se place adjectivement :

« Astruc avec Chirac » Vient de vider son sac » De raisons *ab hoc et ab hac*. » Piron, IX, 203.

— Dans l'un et l'autre cas, cette locution est de l'usage le plus familier.

Abhorré, ée. part. d'*Abhorrer.*

ABHORRER. v. a. (Rac. *horror* ; *abhorrere.*) — On prononce les deux *rr*. — 1. Avoir en *horreur* ; exécrer, détester ; se dit le plus communément des personnes :

« Les honnêtes gens *abhorrent* les fripons. L'Église *ab-* » *horre* le sang. » *Dict. Acad.*

« Sauvez-moi du tourment d'être à ce que j'*abhorre*. » Mol. *Tart.* IV, 3.

« Vous l'*abhorriez* ; enfin, vous ne m'en parliez plus. » Rac. *Andr.* I, 1.

« Ce qu'un jour il *abhorre*, en l'autre il le déteste. » Boil. *S. VIII.*

« Ces fureurs jusqu'ici du vain peuple admirées, » Etoient pourtant toujours de l'Église *abhorrées*. » Id. *Sat. XII.*

« Chez nos dévots aïeux le théâtre *abhorré*. » Id. *A. P.* III.

« J'adorerai dans Alexandre » Ce que j'*abhorre* en Attila ! » J. B. R. *Od.*

« Et d'*abhorrer* ces louanges guindées. » Id. *Epît.* I, 2.

« L'Église *abhorre* tellement le sang, que.... » Pasc. *Prov.* t. II, 100.

« Quelle gloire monstrueuse ! peut-on trop *abhorrer* et » trop mépriser des hommes qui ont tellement oublié l'hu- » manité ! » Fénél. *Tél.* XVII.

« C'est tout ce que la nature permet dans ce moment » *abhorré* de tous. » J. J. R. *Em.* t. II, 98.

« Que je vais l'*abhorrer* cette fatale intempérance ! » Id. *H. I. L.* 51.

☞ Se peut dire des choses, en poésie :

« Pour un de ces tyrans que notre culte *abhorre*. » Volt. *Tancr.* II, 6.

☞ *Abhorrer*, dans cette phrase de Pascal :

« Toutes leurs expériences leur avoient toujours fait re- » marquer qu'elle (la nature) l'*abhorroit* (le vide). »

Signifie : ne pouvoir souffrir, ne point admettre.

☞ Par extens. se dit familièrement pour ne pouvoir souffrir :

« Un grand aime la Champagne, *abhorre* la Brie. » La Br. *Car.* Ch. IX.

« Un pays que j'*abhorrerois*, si vous ne l'habitiez point. » J. B. R. *Lett.* I, p. 81.

☞ 2. Avec le pronom personnel :

« Je *m'abhorre* encor plus que tu ne me détestes. » Rac. *Phèd.* II, 6.

« Je *m'abhorre* et ne puis me supporter. » Fénél. *Tél.* XVIII.

ABIME. Voy. ABYME.

ABIMÉ. Voy. ABYMÉ.

ABIMER. Voy. ABYMER.

AB INTESTAT. Voy. INTESTAT.

AB IRATO. Locution latine, qui signifie *par un homme en colère*, et qui s'emploie tantôt adjectivement, tantôt adverbialement : Testament *ab irato*. *Acad.*

ABJECT, CTE. adj. (Rac. *abjectus*, rejeté, de rebut.) On prononce le C et le T au masc. comme au fém., quoi qu'en disent quelques grammairiens. L'*Acad.* et Féraud veulent qu'on ne prononce que le C ; le *Grand Vocab.* veut au contraire qu'on écrive et qu'on dise *abjet* ; et Fontenelle, V, 166, a écrit *abjets* au pluriel. *Abjet* est trop négligé ; *abjekt* vaut mieux. Il semble qu'*abjekt* en toutes lettres doit être la bonne prononciation. Vil, bas :

« Un homme vil et *abject*. Un esprit *abject*. Une créa- » ture *abjecte*. Une physionomie *abjecte*. Des emplois, » des usages, des sentiments *abjects*. » *Dict. Acad.*

Se dit : 1. Du rang, de la condition :

« Et dans les plus bas rangs, les noms les plus *abjects* » Ont voulu s'ennoblir par de si hauts projets. » Corn. *Cinn.* IV, 4.

« Le sang le plus *abject* vous étoit précieux. » Rac. *Britan.* IV, 3.

« Le sang le plus *abject*, le sang des plus grands rois. » Volt. *Olymp.* II, 2.

« Il naît dans un état pauvre et *abject*. » Mass. *Planche.*

2. De l'âme, des sentiments :

« Au contraire cet autre, *abject* en son langage,

» Fait parler les bergers comme on parle au village.
Boil. *A. P.* II.

« Etre un *abject* mercenaire. » Massill.

« Détails méprisables et *abjects* en apparence. »
Fonten. V, 166.

« Son frère, en l'écoutant, lui trouvoit l'âme *abjecte.* »
Marm. *C.* VI, 211.

« Le mot esclave ne se présente à notre esprit qu'avec » des idées *abjectes.* » Dider. IX, 233.

— (On peut, suivant les cas, le mettre avant le substantif, comme le montre l'exemple de Massillon cité plus haut.)

— Se dit aussi de l'homme :

« La nature de l'homme se considère en deux manières : » l'une selon sa fin, et alors il est grand et incompréhen- » sible; l'autre, selon l'habitude.... et alors l'homme est » *abject* et vil. » Pasc. *Pens.* I, art. 4.

« Ame *abjecte!* c'est ta triste philosophie qui te rend » semblable à elles (aux bêtes). » J. J. R. *Em.* IV.

ABJECTION, s. f. (On pron. *ti* comme *ci.*) Bassesse, avilissement :

« Il est tombé dans une telle *abjection*... vivre dans » l'*abjection.* » *Acad.*

Il signifie aussi bassesse méprisable : « L'*abjec-* « *tion* de ses sentiments et de ses mœurs. » *Acad.*

Se dit : 1. De la condition, du rang :

« Elle rend respectable l'*abjection* et la pauvreté. »
Massill.

« Sa lettre est insensée et conforme à l'*abjection de* » son état. » Volt. XXV, 424.

« Il n'a pas trouvé de meilleurs moyens pour s'en faire » aimer, que de lui cacher sa haute naissance et de l'élever » dans ce dernier degré d'*abjection.* » La H. *Lyc.* X, 398.

— *Abject on* signifie rebut, dans cette phrase de l'Écriture sainte :

« L'opprobre des hommes et l'*abjection* du peuple. »
Dict. Acad.

2. Des sentiments, de la conduite :

« Avec combien peu d'orgueil un chrétien se croit-il » uni à Dieu! avec combien peu d'*abjection* s'égale-t-il » aux vers de terre! » Pasc. *Pens.* I, art. 3.

« Celle-ci ne manque pas de lui faire sentir toute son » *abjection.* » La H. *Lyc.* IV, 340.

« Lorsque dans le silence de l'*abjection*, l'on n'entend » plus retentir que la chaîne de l'esclave et la voix du dé- » lateur. » Châteaubr. *Merc.* XXIX, 7.

ABJURATION. s. f. (On pron. *ti* comme *ci.*) Action de renoncer formellement à une doctrine, de rétracter le serment qu'on avoit prêté de s'y conformer :

(*L'Acad.* borne l'acception de ce mot à l'action par laquelle on abandonne une fausse religion. L'exemple suivant de Patru prouve que cette signification est trop restreinte, et ceux qu'on trouvera au mot *abjurer* le prouveront mieux encore.)

— Il se dit de celui qui abjure, et de la chose qu'il abjure :

« Il fit son *abjuration* entre les mains de l'évêque. *Ab-* » *juration* de l'hérésie. Recevoir l'*abjuration* de quel- » qu'un. » *Dict. Acad.*

« M. d'Ablancourt fit son *abjuration* (de calvinisme). »
Patru, *Plaid.* 935.

« Il fit sa seconde *abjuration* (de catholicisme) dans » le temple du village d'Halme. » Id. *ibid.* 938.

« Il (Saurin) fit son *abjuration* entre les mains du » vainqueur (Bossuet). » Fonten. VI, 586.

« Henri IV a fait *abjuration* du calvinisme. »
Gir. *Syn.* I, 334.

☞ 2. fig. se dit pour toute espèce de renonciation :

« Il falloit que les soldats romains... fissent comme une » espèce d'*abjuration* de père et de mère. » Bourd.

« Faire une *abjuration* plus parfaite de l'ancienne phi- » losophie. » Fonten. *Dict. de Planche.*

ABJURÉ, ÉE. part. d'*abjurer.*

ABJURER. v. a. (Rac. *abjurare.*)

Renoncer solennellement à une religion que l'on croit fausse :

« M. d'Ablancourt retourna à ses anciennes erreurs, et » qu'il avoit si solennellement *abjurées.* » Patru, 938.

« Si l'on vouloit leur faire *abjurer* le christianisme, et » suivre l'alcoran, il n'y auroit qu'à leur montrer des dra- » gons. » Fénél. *dans* Bauss. I, 119.

(Cet exemple prouve que la distinction de Girard n'est pas exacte. Il dit dans ses *Synonymes* (I, 334) :

« [Que] l'*hérétique abjure*, quand il rentre dans le » sein de l'Église; [que] le *chrétien renie*, quand il se fait » mahométan. »

L'exemple suivant est une nouvelle preuve de cette assertion, et montre aussi que l'*Acad.* et les autres lexiques ne devoient pas restreindre le sens du mot *abjurer* aux *fausses doctrines :*

« Ils *abjuroient* le christianisme au Japon. »
Volt. XXI, 230.)

— Dans ce sens, il se met quelquefois absolument :

« Il a *abjuré* dans l'église de Notre-Dame. Depuis qu'il » eut *abjuré* entre les mains de l'évêque. » *Dict. Acad.*

« On prit en province beaucoup d'enfants pour les faire « *abjurer.* » Volt. XXXI, 56.

2. Renoncer à une opinion, à un engagement, à une doctrine, au chef d'une doctrine :

« La loi devroit contraindre une mère coquette.... » D'*abjurer* la tendresse. » Regn. *Distr.* III, 4.

« Oui, j'y cours *abjurer* un serment que j'abhorre. »
Volt. *Mah.* III, 9.

« Grand roi, c'est vainement qu'*abjurant* la satire. »
Boil. *Ep.* I.

« J'*abjurerois* et Phébus et Minerve. »
J. B. R. I, *Epître* 1.

« *Abjurant* l'erreur où j'étois. » Voit. *L.* II, T. I, 8.

« C'est ce qui a donné lieu au bruit qui se répandit, » que M. Pascal avoit *abjuré* le jansénisme. »
Rac. Œ. VI, 297.

☞ 3. Renoncer à une manière d'être, de vivre, de sentir, de penser :

« *Abjurant* ma douce paresse. » Parny, *Œ. D.* I, 65.

« J'espère désormais que votre âme guérie » *Abjurera* du jeu la triste frénésie.... » Oui, j'*abjure* à vos pieds cette fureur honteuse. »
Saur. *Béverl.* III, 8.

« *Abjure*, mon cher fils, ces projets imprudents. »
Del. *Imag.* I.

☞ — Se dit aussi des hommes :

« Imposteur teint de sang, que j'*abjure* à jamais. »
Volt. *Mah.* V, 2.

Rem. J. J. R. *Hél.* I, L. 51, a dit « J'*abjure*, je déteste un forfait : » dans le sens de abhorrer, désavouer. Cela ne semble pas usité.

ABLATIF. s. m. Le sixième cas des déclinaisons grecques et latines :

« Je suis entièrement déclaré pour la langue latine, qui » est extrêmement propre, à mon avis, pour les inscrip- » tions, à cause de ses *ablatifs* absolus. » Boil. III, 273.

ABLATIVO *tous en un tas.* Formule proverbiale et du langage populaire. *Ablativo* est le datif ou l'ablatif de l'adjectif latin *ablativus*, dont la racine est *auferre*, ôter, enlever. Le sens précis de cette phrase est donc : mettons tout à l'*ablatif, emportons* tout. L'*Acad.* l'explique par : Tout ensemble, avec confusion et désordre.

« Allons, morgué, *ablativo tous en un tas;* mettons « toutes les noces en une. » Danc. *Chariv.* 21.

ABLE. s. m. (Rac. *albula.* Voy. Ménage.)

1. Poisson du genre des Cyprins, recherché pour l'éclat de ses écailles, dont on se sert pour fabriquer les perles fausses; Voy. Lacép. *Poiss.* XIII, 118 :

« La mer Caspienne est la patrie de l'*able*, aussi bien » que les eaux douces de presque toutes les contrées euro- » péennes. » Lacép. *ibid.*

☞ 2. Autre poisson du genre des Corégones : Voy. Lacép. *ibid.* XII, 35 :

« L'*able*, dont l'Europe est la patrie, a deux décimètres » ou à peu près de longueur. » Lacép. *ibid.*

ABLERET, s. m. Espèce de filet carré avec lequel on pêche des *Ables. Dict. Acad.*

ABLETTE. s. f. Poisson : le même que l'*able* (Cyprin). Voy. *Able.*

« L'éperlan argenté et l'*ablette*, dont les écailles servent » à faire de fausses perles, se jouent sur les grèves de la » Seine. » B. St. Pier. *Et.* III, 208.

Rem. Les dictionn. font *Able* et *Ablette* masculins; mais, par sa terminaison, *Ablette* paroît plutôt féminin.

ABLUER, v. a. Laver. Il est tout-à-fait suranné dans ce sens, quoique l'*Académie* dise qu'il peut être employé dans le style de la chaire.

« Nos péchés peuvent être *ablués* par le repentir. »

Aucun de nos orateurs sacrés n'offre d'exemple de cette expression.

ABLUTION. subs. f. pron. *ti* comme *ci* (Rac. *Ablutio.*)

L'*Académie* dit que ce mot est particulièrement consacré aux cérémonies de la messe. Il signifie alors le vin que le prêtre prend après la communion, et le vin et l'eau que l'on verse sur ses doigts et dans le calice après qu'il a communié :

« Avant, après l'*ablution.* Quand le pretre prend l'*ablu-* » *tion.* »

Mais *l'Acad.* a négligé les acceptions suivantes qui sont d'un usage bien plus général :

☞ 1. Action de laver le corps entier ou quelques-unes de ses parties, prescrite dans plusieurs religions anciennes :

« Il pratiquoit les *ablutions* prescrites. »
Massill. *C.* II, 274.

« Les *ablutions* furent toujours recommandées dans » l'Orient, comme un symbole de la pureté de l'âme. »
Volt. XVI, 415.

☞ 2. Bains du corps entier ou de quelques-unes de ses parties, en usage parmi les Mahométans et les Indiens de nos jours :

« A l'égard des ordonnances légales, comme la circonci- » sion, les *ablutions*... Mahomet ne fit que se conformer, » pour le fond, aux usages reçus. » Volt. XVI, 415.

« Nous faisions nos *ablutions* chacun de notre côté. »
Id. LVIII, 318.

☞ 3. Purification par le feu de la matière qui est en putréfaction : (terme d'Alchimie.)

« Les anciens ont caché cette *ablution* sous l'énigme » de la Salamandre. » Pern. *Dict.*

ABNÉGATION. s. f. pron. *ti* comme *ci.* (Rac. *abnegatio*, de *negare.*) désistement, renoncement :

« Le détachement, le mépris du monde, la mortification » des sens, l'*abnégation* de nous-mêmes, voilà les nou- » veaux biens qu'il vient montrer aux hommes. »
Mass. *A.* 471.

« La prière, la fuite du monde, l'*abnégation* de soi- » même, furent les règles constantes de ses mœurs. »
Id. *ibid.* 221.

— L'*Académie* dit que ce mot n'est guère d'usage que de la manière dont on vient de le voir employé, *abnégation de soi-même*, *de nous-mêmes.* Cependant il se met aussi absolument, et Massillon et Bourdaloue en ont fait un fréquent usage :

« L'exercice de cette *abnégation* qui fait le souverain » mérite du juste. » Bourd.

« S'exercer dans la pratique de la plus parfaite *abnéga-* » *tion.* » Id.

« Une longue pratique d'*abnégation* dans les plus lé- » gères occasions. » Massill. *Dict. de Planche.*

— Ce mot pris absolument comme on vient de le voir, est plus spécialement du langage de la dévotion, et signifie en général, l'action de renoncer à une chose, de s'en détacher :

« Quelques sages ont fort bien défini l'*abnégation*, en » disant qu'elle consiste à avoir de la haine pour notre » corps. » Arn. d'And. *S. J. Clim.* 221.

ABOI. (Rac. Ce mot est formé par onomatopée. Voy. Richelet et M. Nodier.)

1. Voix du chien qui jappe :

« .... Leur maître les rompit
» Bien que de leurs *abois* ils perçassent les nues. »
Lafont. XII, *F.* 23.

« .... Il se lançoit parfois
» Aux chiens qui dans le ciel poussoient de vains *abois.* »
Id. *Adon.*

« Il fond sur un troupeau, prend un mouton, le croque,
» Malgré les cris et les *abois.* » Lamott. I, *F.* 4.

— Il s'emploie aussi en ce sens, au singulier, mais rarement, et paroît suranné :

« L'*aboi* de ce chien est fort importun. » *Dict. Acad.*

« L'*aboi* des chiens, les cors mêlés de voix. »
Lafont. *Adon.*

2. au plur. Terme de vénerie :

« Proprement, dit H. Étienne (*Précell.* p. 90) se dit » du pauvre cerf, quand ne pouvant plus courir, il s'ac- » cule en quelque lieu le plus avantageux qu'il peut trou- » ver, et là, attendant les chiens, endure d'être *aboyé* » par eux. »

« Mon cœur, tout pantelant, comme un cerf *aux abois.* »
Regn. *Bal*, 7.

« De là, vous pourrez être au lancer, *aux abois.* »
Lachaus. *Préj.* I, 7.

« Au son des cors, au bruit des voix,
» Poursuivant un cerf *aux abois.* » Rulh. 89.

« Il achève de leur parler des *abois* et de la curée. »
La Bruy. *Car.* Ch. VII.

« Les piqueurs... remettent ensuite les chiens sur la » voie du cerf, ... qui bientôt est *aux abois*. »
Buff. *Quadr.* VI, 225. Lacép.

3. Fig. Se dit de l'agonie, des derniers moments de l'homme :

« Et ces esprits légers approchant des *abois*
» Pourroient bien se dédire une seconde fois. »
Corn. *Nicom.* IV, 3.

Rem. Cette expression, qui par elle-même n'est pas noble, n'est plus d'usage aujourd'hui. (Volt. *Comment.*)

L'*Académie* dit cependant qu'on peut l'employer en parlant d'une personne qui se meurt. Mais il eût fallu ajouter qu'elle n'est le plus souvent que du style familier, comme dans ces vers de Chapelle, de Sédaine :

« Fort malade et presque *aux abois.* » *Voyag.* 16.
« D'aller, de courir *aux abois*
» De gens attaqués dans un bois. » *Fél.* I, 6.

Néanmoins, les orateurs sacrés ont quelquefois employé cette expression d'une manière qui ne peut être blâmée :

« Assez impitoyable pour voir périr un pauvre à leurs » yeux, pour le voir presque réduit *aux abois* et prêt à » rendre l'âme. » Bourd. *Dict. de Planche.*

☞ Fig. se dit des grands dangers, des situations désespérées, des embarras, des peines, des difficultés extrêmes :

« Un satyre au fond du bois
» D'une amoureuse manière
» Mit mon honneur *aux abois.* » Bens. II, 87.

« Ce Dieu pressant l'ayant mise *aux abois*
» De sa pudeur troubla l'économie. » Id. I, 367.

« . . . . Dans ce pays barbare
» Où l'on voit tous les jours l'innocence *aux abois*. »
Boil. *Sat. I.*

« Mais souvent dans ce style un rimeur *aux abois*. » Id.

« Philisbourg est *aux abois* en dix jours, malgré l'hiver » qui approche. » Boss.

« Philippe V réduit *aux abois* alloit abandonner le » trône. » St.-Sim. *Mém.* II, 31.

« La France, qu'une défaite entière eût mise *aux der-* » *niers abois.* » Volt. XXIX, 181.

ABOIEMENT. s. m. (On prononce *aboîment*, et quelques-uns l'écrivent. *Acad.*)

« L'*aboiement* d'un chien. De longs *aboiements.* » *Ibid.*

1. *Aboi* du chien :

« . . . . Tous les chiens des enfers,
» Autour d'elle attachés, font retentir les airs
» D'*aboiements* plus affreux que les voix de Cerbère. »
Dell. *P. P. II.* T. I, 214.

« Il (le perroquet) imite tous les bruits qu'il entend, » le miaulement du chat, l'*aboiement* du chien. »
Buffon, *O. T.* II, 109.

« Le mécanisme de l'*aboiement* est différent de celui du » hurlement. » Id. *M.* T. XXI, 117.

☞ *Fig.* Clameurs, injures :

« Les injures imprimées alloient leur train . . . . Ce con- » cours d'*aboiements*, dont les moteurs continuoient d'a- » gir sous le voile, avoit quelque chose de sinistre. »
J. J. R. *Conf.* XIII, t. III, 95.

ABOLI, IE. part. d'*abolir*.

ABOLIR. v. a. (Rac. *abolere : ita delere ut ne* OLEAT *quidem*. Furet.) Anéantir, détruire, annuler :

« On verra de David l'héritier détestable
» *Abolir* tes honneurs, profaner ton autel. »
Rac. *Ath.* V, 6.

« Et veulent aujourd'hui qu'un même coup mortel
» *Abolisse* ton nom, ton peuple et ton autel. »
Id. *Esth.* I, 4.

« J'*abolis* les faux dieux, et mon culte épuré
» De ma grandeur naissante est le premier degré. »
Vol. *Mah.* II, 5.

« Il ne songeoit qu'à *abolir* le nom romain. »
Boss. *H. U.* I, 178.

« Lisez ce qu'il rapporte lui-même d'un discours qu'il » fit au peuple, pour faire *abolir* une coutume barbare. »
Fénél. *Dial. Eloq.* 123.

« Issue prospère et vient d'issir qui est *aboli.* »
La Br. *Car.* ch. XIV.

« Les crimes des Templiers vinrent à un tel excès, qu'on » fut obligé de les *abolir* au concile général de Vienne. »
Fleur. *Disc.* VI, 510.

« Nous voudrions *abolir* la mémoire de ces anciens dé- » sordres. » *Ibid.* IV, 13.

« La venue d'un Messie *abolissoit* toutes les dates. »
Volt. XXI, 177.

« Ce n'est que pour blâmer la prudence des pasteurs » qui en ont *aboli* l'usage. » Mass. *C.* II, 429.

« L'arrêt fut *aboli.* » Marm. *C.* V, 141.

« Il (l'usage) *abolit* souvent de bons mots sans raisons. »
Bouh. *Entr.* II, 158.

— *Abolir un crime*, se dit, lorsque le prince, par des lettres qu'il donne, remet d'autorité absolue la peine d'un crime, qui, par les ordonnances, n'est pas rémissible. *Acad.*

S'ABOLIR. v. réfl. Être aboli, être annulé, tomber en désuétude :

« Cette coutume *s'est abolie* d'elle-même. C'étoit une » ancienne pratique qui s'est *abolie.* » *Dict. Acad.*

« Quelques façons de parler pourront s'établir ou *s'a-* » *bolir* selon la bizarrerie de l'usage. »
Bouh. *Entr.* II, 185.

« Les ecclésiastiques n'osèrent plus autoriser de pareilles » épreuves, qui cependant ne *s'abolirent* pas encore » partout. » Ducl. *Mém. de Litt.* XV, p. 633.

— On dit que tout crime *s'abolit* au bout d'un certain nombre d'années, pour dire qu'alors cesse le droit de le poursuivre. *Acad.*

✽ ABOLISSABLE. adj. Digne d'être aboli :

« Fête cruelle, fête *abolissable* à jamais. »
Volt. XXXV, 351.

ABOLISSEMENT. s. m. Action d'abolir :

« L'*abolissement* des anciens usages parlementaires. »
Dict. Acad.

Ce mot n'est pas usité.

ABOLITION. s. f. (pron. *ti* comme *ci*) :
Action d'*abolir*, de détruire, d'annuler :
(La définition que l'*Académie* donne de ce mot : extinction opérée par un acte de la puissance législative, est beaucoup trop bornée.)

« L'établissement de la religion chrétienne, et l'*aboli-* » *tion* du judaïsme. » Pasc. *Pens.* II, art. 4.

« Comptez-vous pour rien l'*abolition* des duels ? »
Mont. *L. P.* LIX.

« L'*abolition* des duels fut un des plus grands services » rendus à la patrie. » Volt. XXIV, 153.

« J'ai déjà obtenu que l'*abolition* de l'arrêt de Formose » seroit sollicitée par la famille de Vélamare. »
Marm. *C.* V, 138.

Ext. Se dit d'un arrêt ou ordonnance, qui révoque une condamnation, qui annule une peine :

« Cliton avoit commis un meurtre en pleine foire,
» Et son seigneur, pour lui piqué d'affection,
» Bien loin de le punir d'une action si noire,
» Lui voulut procurer une *abolition.* »
Bréb. *Rec.* III, 275.

« La cour ayant affecté de leur donner une *abolition*, » comme étant plus criminels que les autres. » Retz, I, 342.

« Il fut compris dans les lettres d'*abolition* accordées à » son père. » Ducl. *L. XI*, t. III, 341.

« C'est le chancelier qui scelle et qui délivre les lettres » de grâce ou d'*abolition.* » Volt. LXXXII, 133.

ABOMINABLE. adj. Digne d'être *abominé*, digne d'*abomination*, exécrable, détestable, qui fait horreur; se met avant et après le substant. :

« Qui ? ce chef d'une race *abominable*, impie ? »
Rac. *Esth.* II, 1.

« Voilà, je vous l'avoue, un *abominable* homme. »
Mol. *Tart.* IV, 6.

« Ah ! qu'il me va payer sa fourbe *abominable !* »
Volt. *Zaïr.* IV, 5.

« Tout ce que les humains ont de plus respectable
» M'inspira des forfaits le plus *abominable.* »
Id. *Mah.* IV, 5.

« Fuis; d'un mensonge indigne *abominable* auteur. »
Id. *Œdip.* III, 3.

« N'est-ce pas une chose *abominable*, qu'il consente à » cette opinion ? » Pasc. *Prov.* II, 91.

« Quant au pouvoir de l'inquisition, je le tiens *abomi-* » *nable devant* Dieu. » St.-Sim. *Mém.* III, 228.

C'étoit une *abominable* loi politique, qui étoit une suite » d'un *abominable* droit des gens. » Mont. *E.* XXIX, 14.

« Cette *abominable* épigramme est un des plus forts té- » moignages de l'infamie des mœurs d'Auguste. »
Volt. XLVIII, 364.

— Par extension, dans le style famil., se dit pour mauvais; très-mauvais :

« Cette comédie, cette musique est *abominable*. Cela a » un goût *abominable.* » *Acad.*

« Il fait un temps *abominable.* » Sev. *L.* 231.

« Voilà le plus *abominable* sabbat dont on ait jamais ouï » parler. » La Br. *Car.* ch. XII.

« De prétendus François, qui, dans des baragouins *abo-* » *minables.* » J. J. Rous. *C.* II, 7.

ABOMINABLEMENT. adv. D'une manière *abominable*; excessivement. (Expression hyperbolique et du style familier) :

« Il se conduit *abominablement*. Il chante, il écrit *abo-* » *minablement*, *abominablement* mal. » *Acad.*

« Une princesse *abominablement* laide. » Vois. IV, 302.

ABOMINATION. s. f.

1. Action d'*abominer*, de détester; horreur :

« Avoir *en abomination*. Il est *en abomination* à tous » les gens de bien. » *Dict. Acad.*

« Tout ce qui vole et qui marche sur quatre pieds, *vous* » sera en *abomination.* » Sacy, *Lévit.* XI, 20.

« On alloit brûler d'Assouci, . . . pour un crime qui est » *en abomination parmi* les femmes. » Chap. *Voy.* 58.

— Il se dit aussi de ce qui est l'objet de l'*abomination* :

« Cet homme est l'*abomination de* tout le monde. »
Dict. Acad.

2. Action *abominable*, affreuse, horrible; s'emploie en ce sens au pluriel :

« Vous proposez l'*abomination.* »
Volt. *Prud.* II, 1.

« . . Dans le temps que messieurs d'*Albion*
» Avoient placé l'*abomination*
» Tout au milieu de la sainte Sion. »
Id. *Puc.* XI.

(Ces deux citations démentent l'assertion de M. Planche, que ce mot n'est point employé par les poëtes.)

« Les *abominations* où tu es tombée, n'ont été punies » que par cinquante ans de captivité. » Boss.

« Je repasse dans mon esprit toutes les *abominations* » de ma vie. » Mol.

« Lorsque les *abominations* de Sodome furent montées » à leur comble. » Mass *Car.* II, 142.

« Cette *abomination* ne fut le partage que de quelques » particuliers, et ne corrompit point les mœurs douces de » la nation. » Volt. XXIX, 201.

— En style religieux, on entend par *abomination*, le culte des idolâtres, les erreurs de l'idolâtrie. *Dict. Acad.*

« Au temps d'Isaac et de Jacob, l'*abomination* s'étoit » répandue sur toute la terre. » Pasc. *Pens.* II, art. 4.

« Reprocher aux rois d'Israël l'*abomination de* leur » veau-d'or. » Massil.

3. *Abomination de la désolation*; formule prise de l'évangile de S. Mathieu, XXIV, 15, et qui signifie le comble de l'impiété et de la profanation :

« L'abus des biens ecclésiastiques étoit, si j'ose parler » ainsi, l'*abomination de la désolation* dans le lieu » saint. » Bourd. *Pan.* II, 104.

« Quand vous verrez l'*abomination de la désolation* » que Daniel a prophétisée, que celui qui lit entende. »

(Voy. dans Bossuet, *H. U.* III, 58, 59, l'explication et de nombreux exemples de cette formule.)

✽ ABOMINER. v. a. (Rac. *Abominari, quasi ab omine rejicere.* Furet.) N'est plus en usage. M. Roquefort, dans son *Glossaire*, en cite un exemple pris de Marot. (*Ps.* 5, v. 7.). *Abominer* est dans Nicot.

ABONDAMMENT. adv. qui peut se mettre entre l'auxiliaire et le participe, ou après ce dernier :

1. Avec *abondance*, beaucoup, copieusement :

« Qu'on voyoit dans la rue *abondamment* épars. »
Regn. *Bal*, 2.

« Aurons-nous du vin *abondamment ?* »
Id. Retour, 6.

« Il répandoit *abondamment* les secours de sa charité. »
Fléch. *Or.* 429.

« Les larmes coulent abondamment. » Fénél. *Tél.* XVII.

« Elle ne se contentoit pas de pleurer *abondamment.* »
Le Sag. *D.* ch. III, p. 75.

« Ses larmes coulèrent alors *abondamment.* »
Roll. *Tr.* I, 163.

« La terre fournit *abondamment* à leur subsistance. »
Buff. *M.* I, 94.

« Joseph s'étoit *abondamment* pourvu du nécessaire. »
Chat. *It.* I, 119.

☞ 2. Amplement :

« Ce qu'amour fait sentir de piquant et de doux,
» Combloit *abondamment* les vœux des deux époux. »
Lafont. *Minée.*

« Le seul courroux d'Achille avec art ménagé
» Remplit *abondamment* une Iliade entière. »
Boil. *A. P.* III.

« Après avoir été *abondamment* fustigés. »
Id. II, 240.

« C'est Eschyle surtout dont les pièces sont le plus » *abondamment* remplies de chœurs et de récits. »
La Harp. *Œ.* I, 274.

ABONDANCE. s. f.

1. L'état de ce qui *abonde*, de ce qui se trouve

en *abondance*, en grande quantité; grande quantité; s'emploie absolument et avec un régime :

« L'*abondance de* ses aumônes a répondu à la tendresse » de son cœur. » Fléch. *Or. Dauph.* 365.

« Ses larmes ne coulèrent plus comme autrefois *avec* » *abondance*. » Fén. *Tél.* VII.

« L'*abondance* des choses nécessaires à une vie simple. » Id. *ibid.* VI.

« L'*abondance* d'hommes adonnés à la guerre. » Id. *ibid.* XIII.

« Il leur fournissoit de l'argent *en abondance*. » Vert. *R. Rom.* II, 320.

« Il affama ses ennemis, et se trouva dans l'*abondance* » *de* toutes choses. » Mont. *Gr.* XX, 189.

« Les termes de ma langue ne venoient plus se présenter » à mon imagination avec la même *abondance* qu'aupa- » ravant. » Volt. I, 340.

« Il se trouvoit à Bender dans une *abondance de* toutes » choses, bien rare pour un prince vaincu et fugitif. » Id. XXVI, 232.

« L'*abondance du* gibier tentera les chasseurs. » J. J. Rouss. *Em.* IV, t. II, 398.

« Loin d'avoir une *abondance de* pensées . . . . il n'a » qu'une *abondance de* phrases tournées en apophthegmes. » La H. *Lyc.* III, 2, 215.

☞ 2. État de ce qui produit l'*abondance*; fertilité, fécondité :

« Réprimez d'une main avare et difficile
» *De* ce terrain fécond l'*abondance* inutile. »
Volt. *Suppl.* I, 75.

« Vous le prendriez pour le Dieu du fleuve, qui jette » un œil satisfait sur la grandeur de ses ondes et la sau- » vage *abondance de* ses rives. » Chat. *Gén.* III, 204.

☞ — Au moral. Affluence, richesse d'idées, d'images, de détails, de développements :

« Fuyez *de* ces auteurs l'*abondance* stérile. » Boil. *A. P.* I.

« Je ne sais que répondre à ce vain compliment,
» Et justement confus de *mon* peu d'*abondance*,
» Je me fais un chagrin du bonheur de la France. »
Id. *Ep.* VI.

« Souvent trop d'*abondance* appauvrit la matière. » Id. *A. P.* III.

« Ce présent perdoit son prix par *son abondance*, et » il éloit, en ajoutant. » Pasc. *Pens.* I, art. 3.

« Ouvrage qui, par la solidité et l'*abondance de* l'ins- » truction, se fait pardonner sans peine. » Fonten.

3. Absolument :

☞ 1.) *Abondance*, quantité de blé :

« On verra par quels soins ta sage prévoyance
» Au fort de la famine entretient l'*abondance*. »
Boil. *Ep. I.*

« Répandre dans diverses contrées la fertilité et l'*abon-* » *dance*. » La Br. *Car.* ch. X.

« Un fleuve majestueux et bienfaisant qui porte paisi- » blement dans la ville l'*abondance* qu'il a répandue dans » les campagnes. » Mass.

2.) *Abondance* de richesses, de biens; fortune, richesse :

« D'une heureuse *abondance* enrichir tes sujets. » Boil. *Disc. au Roi.*

« Où la liberté seule entretient l'*abondance*. » Volt. *Henr.* I.

« Une vie destinée à couler dans les ris, le plaisir et » l'*abondance*. » La Br. *Car.* Ch. IX.

« Plus il y a d'hommes dans un pays, pourvu qu'ils » soient laborieux, plus ils jouissent de l'*abondance*. » Fénél. *Tél.* V.

« Tu épouseras . . . une femme qui fera venir l'*abon-* » *dance* chez toi. » Mol. *Mariag.* X.

« L'*abondance* où il se trouvoit, et par un grand patri- » moine et par son emploi. » Fonten. VI, 366.

« Votre *abondance* est le patrimoine des malheureux. » Mass. *C.* II, 14.

« En ceci, l'*abondance* fait la misère. » J. J. Rouss. *Em.* IV, t. II, 387.

☞ 3. *Abondance* de mets; bonne chère :

« Je m'accommode également du grand monde et de la » retraite; de l'*abondance* et de la frugalité. » Le S. *Gilb.* VII, 13.

☞ 4. *Abondance* dans les langues; richesse, *abondance* de mots.

« L'*abondance* n'est pas toujours la marque de la per- » fection des langues. » Bouh. *Entr.* II, 113.

D'ABONDANCE : avec *abondance*. *Parler d'abondance*, c'est parler sans préparation, improviser, ce qui suppose *abondance* d'idées, provision *abondante* de phrases, de formes, de tournures :

« Je les habituerois, plusieurs fois la semaine, à parler » *d'abondance* sur un sujet donné. » La H. *Lyc.* XVI, 405.

« Alors, les bras croisés, sans cahier sous les yeux, et » comme en parlant d'*abondance*, je leur dicte mon préam- » bule. » Marm. *Mém.* II.

(Voy. dans les *Œuvres* du même écrivain, t. XVI, p. 306, l'article *abondance*.)

— D'ABONDANCE *de cœur*. *Parler d'abondance de cœur*, c'est parler entraîné par l'impulsion d'un cœur trop plein, qui ne peut contenir l'*abondance* de ses sentiments :

« Il faudroit que la bouche parlât selon l'*abondance du* » *cœur*, c'est-à-dire qu'elle répandit sur le peuple la plé- » nitude de la science évangélique et les sentiments affec- » tueux du prédicateur. » Fén. *Dial. Eloq.* 114.

« Il parloit de *l'abondance du cœur*. » Le Sag. *Guzm.* I, ch. 8, 74.

« Ils ont quelquefois des moments où la vérité leur » échappe *d'abondance de cœur*. » Mariv. VI, 279.

« Je m'aperçois que, sans le vouloir et *d'abondance de* » *cœur*, . . . j'ai insensiblement fait un factum. » Pir. III, 37.

(En général, on emploie toujours *abondance de cœur* avec la préposition *de* : cependant Dufresny a dit au nominatif :

« L'*abondance de cœur* rendant tout supportable. » *F. Sinc.* III, 2.

☞ D'ABONDANCE : de plus. Cette locution adverbiale n'est point dans les dictionnaires. Elle paroît du style familier, et n'est pas dans l'usage commun. (Voy. *d'abondant*.)

« Remarquons *d'abondance* que la comtesse se plaît avec » mon maître. » Mariv. II, 147.

« Ajoutez *d'abondance* que, parmi les artistes, je » trouvois des hommes instruits. » Marm. *C.* IV, 104.

☞ ABONDANCE :

« Ce mot se dit, dans les colléges, du vin mêlé de » beaucoup d'eau, que l'on sert à table aux pensionnaires; » et on l'appelle ainsi, ou, parce qu'on en donne *abon-* » *damment* et tant que l'on veut, ou, parce qu'il y a » *abondance* d'eau. » Trévoux.

On appelle *corne d'abondance* une corne remplie de fleurs et de fruits, qui est le symbole ordinaire de l'*abondance*, et qu'on donne pour attribut à diverses divinités mythologiques, telles que Cérès, Cybèle, etc., auxquelles l'antiquité païenne attribuoit la production des biens de la terre :

« Il le dépeignoit tenant en main la *corne d'abondance*. » Fén. *Tél.* XIV.

ABONDANT, ANTE, adj. verbal. Qui possède *abondance* de quelque chose; avec un régime et la préposition *en* :

« Pays *abondant en* toutes sortes de biens. Maison » *abondante en* richesses. » *Dict. Acad.*

« *Abondante en* richesse et puissante en crédit. » Corn.

« La terre *en* trésors *abondante*. » J. B. R.

« Campagne *abondante en* pâturages. » Fénél. *Tél.* XVI.

« Soit que naturellement il ne fût pas *abondant en* » paroles. Fonten. V, 21.

« Quoique cette espèce soit peut-être la plus nombreuse » et la plus *abondante en* individus. » Buff. *Quadr.* VI, 65, Lac.

« Il eût été très-difficile de trouver un journal plus » varié, plus attrayant, plus *abondant en* ressources. » Marm. *Mém.* VI.

« Enfin le pays est, comme on dit dans le pays même, » *abondant en* aigrure. » Dupat. *Lett.* 4.

☞ 2. Sans régime; copieux :

« Les fruits des arbres, les légumes de la terre, le lait » des troupeaux, sont des richesses si *abondantes*. » Fénél. *Tél.* VIII.

« Je crains bien . . . que cette pluie *abondante* ne dé- » truise quelques légumes que j'ai semés. » La H. *Œ.* IV, 392.

« Un enfant qui vient de s'ébattre, et dont le corps croît, » a besoin d'une nourriture *abondante*. » J. J. R. *Em.* II, 251.

☞ 3. Sans régime; fertile :

« Déesses, jadis adorées
» Dans les *abondantes* contrées
» Où Céphise roule ses eaux. » Lamott. I, 235.

« Un arbre admirable n'appartiendra pas à celui qui en » auroit jeté la semence, sans y penser et sans la connoî- » tre, dans une terre *abondante* qui en auroit profité de » la sorte par sa propre fertilité. » Pasc. *Pens.* I, art. 3.

— Ext. Riche;

« Jamais, depuis l'établissement de la monarchie, la » France n'avoit été si florissante, si *abondante*, si opu- » lente. » Bourd. *Pan.* II, 119.

☞ Au moral : riche, fécond; qui peut fournir beaucoup de détails et de développements; qui est riche en idées, en expressions :

« Brillant mais naturel, et pur quoiqu'*abondant*,
» Chez toi toujours le goût employa la richesse. »
Del. *Imag.* V, 36.

« Les mêmes pensées . . . infertiles dans leur champ na- » turel, *abondantes* étant transplantées. » Pasc. *Pens.* I, art. 3.

« Les esprits *abondants* voient tout ce qui est à l'entour » de leur objet. » Nicole, *Pens.* III.

« Les scoliastes eux-mêmes demeurent courts, si fer- » tiles d'ailleurs, si *abondants*. » La Br. *Car.* ch. XIV.

« Tous mots qui pouvoient durer et rendre une langue » plus *abondante*. » Id. *ibid.*

« M. Parent étoit si *abondant* que . . . » Fonten.

« On pouvoit croire, à sa brillante et *abondante* volu- » bilité, qu'il parloit, en quelque sorte, sa langue mater- » nelle. » D'Alemb. *El.* VI, 74.

« La ferveur qui le rendoit si *abondant* doit faire par- » donner à son goût de n'avoir pas été plus difficile. » *Ibid.* I, 377.

« Le sujet est *abondant*, et je serai succinct, parce que » ce n'est pas ici qu'il faut le remplir. » La H. *Œ.* IV, 100.

Rem. Les exemples de La Bruyère, de Fontenelle, de d'Alembert et de Delille, ci-dessus rapportés, contredisent la remarque de l'*Académie*, qu'on ne diroit pas, sans régime : *Un auteur abondant*.

D'ABONDANT. Locution adverbiale, peu en usage, et qui étoit déjà vieillie du temps de Vaugelas. Voy. ses *remarques*, avec les *observations de l'Acad.* et *celles* de Th. Corneille. *D'abondant* vient de la formule latine, *ex abundantia*, employée quelquefois par Quintilien, IV, 5, 15; V, 6, 2; VIII, 3, 88. Les Grecs disoient dans le même sens, Ἐξ περιουσίας, c'est-à-dire *ex abundantia*, *d'abondance*. (Voy. Ernesti *Lex. Techn. Gr.* p. 259 et *lat.* p. 3.) *D'abondant* a la même signification que *d'abondance*. (Voy. ce mot.)

« Et *d'abondant*, la vache à notre femme
» Nous a promis qu'elle feroit un veau. » Laf. *C.* p. 326.

ABONDÉ, part. d'*abonder*, qui ne s'emploie point comme adjectif.

ABONDER. v. n. (Rac. *abundare*.)

1. Posséder *abondamment*, en grande quantité; avoir en grand nombre; être fertile : se construit avec *en*, et se dit des choses et des personnes :

« *Abonder en* richesses. Cette province *abonde en* blé, » *en* vin, *en* soldats. » *Dict. Acad.*

« Tant la chose *en* prouves *abonde*. » Laf. II, *f.* 11.

« *En* beaux raisonnements vous *abondez* toujours. » Mol. *Mis.* V, I.

« Chacun pour l'exalter *en* paroles *abonde*. » Boil.

« Il crée les modes sur les équipages et sur les habits; » il *abonde en* superfluités. » La Br. *Car.* ch. X.

☞ — Il se construit aussi, quoique moins fréquemment, avec *de* :

« Dans les faux biens *dont* sa misère *abonde*. » J. B. R.

« Si les hommes *abondent de* biens. » La Br. *Car.* ch. XVI.

2. Affluer, être en grande quantité; se dit des choses :

« Le bien *abonde en* cette maison. » *Dict. Acad.*

« Depuis que la richesse *entre* ses murs *abonde*. » Corn. *Cinn.* II, 1.

« *Où* le vice *abonda*, la grâce surabonde. » L. Rac. *Gr.* IV.

« Vous *en* qui tant d'esprit *abonde*. » Volt. XIII, 826.

« *Où* le délit *abonde*, *abonde* le remède. » J. B. Rouss. I, O. 19.

« Et malheureusement, ce qui vicie, *abonde*. » Piron, *Métrom.* II, 1.

« La grâce *abonde où* le péché avoit *abondé*. » Mass. *Car.* II, 358.

« Tout *abondoit dans* son camp. » Volt. *Charl. XII*, liv. VI.

☞ 3. Faire foule (rare en ce sens); s'emploie absolument :

« Il (Chamillard) passoit deux mois à Courcelles, » *où* toute la province *abondoit*. » St.-Sim. *Mém.* III, 157.

« Cent hommes de cette espèce *abondent* plus que deux » mille citoyens. » Mont. *L. P.* LXXXVII.

« Je fus honoré dans cette maison distinguée, où toute

» la noblesse du pays *abondoit.* » Marm. *Mém.* II.

— *Abonder en son sens.* Être attaché avec obstination à son sentiment, ne point céder à l'opinion des autres :

« Toute tête *abonde en son sens.* »
La Mott. IX, 161.

« Vous savez qu'*en son sens* volontiers il *abonde.* »
J. B. Rouss. *Flatt.* II, 5.

« Je ne sais si tout ce que je vous dis vaut la peine que vous
» le lisiez. Je suis bien loin d'*abonder dans mon sens.* »
Sévign. *Lett.* DCCLX.

« L'homme veut *abonder dans son sens*, et croire avoir
» raison exclusivement au reste du genre humain. »
J. J. Rouss. *Em.* IV.

« C'est toujours le plus inepte qui *abonde* le plus *dans*
» *son sens.* » Marm. *C.* V, 234.

— *Ce qui abonde ne vicie pas :* phrase proverbiale ; ce qui *abonde* ne nuit pas ; plusieurs raisons, quand une suffit, ne nuisent pas, etc.

« Ce qui *abonde, ne vicie pas* peut-être. »
Beaum. III, 112.

Abonné, ée, part. d'*abonner*.

Abonné, *abonnée*, subst. au masc. et au fém. par ellipse des mots *homme*, *femme*. Celui, celle, qui a souscrit pour recevoir régulièrement une feuille périodique, pour l'impression d'un ouvrage, pour assister au spectacle, etc.

« Ce journal a beaucoup d'*abonnés*. Je suis un des *abon-*
» *nés* du concert. » *Dict. Acad.*

« Ces feuilles n'ont été ni brûlées, ni dispersées ; les
» *abonnés* prenoient la peine de les recueillir. »
Genl. *Veill.* III, 35.

— C'étoit aussi un terme de fief, qui signifioit évalué. Ainsi on disoit un cheval de service *abonné* à tant, pour évalué à tant.

ABONNEMENT, s. m. Convention ou marché qui se fait à un prix fixe, ou moyennant une souscription, pour recevoir un journal, etc.

« Faire un *abonnement*, un *abonnement* avantageux ;
» payer par *abonnement*. Proposer un journal par *abon-*
» *nement*. Établir un concert public par *abonnement*.
» Recevoir des *abonnements* à un spectacle. » *Dict. Acad.*

— Dans ce sens on dit : donner une représentation avec *abonnement* suspendu, quand les *abonnés* sont obligés de payer leur place comme le public.

ABONNER, v. a. Composer à un certain prix, souscrire, moyennant une certaine somme, pour un spectacle, un livre, un journal. Il s'emploie rarement à l'actif. L'*Académie* en donne pourtant un exemple :

« On a *abonné* cette province à telle somme. »

« Vous aimez la musique ? — Si je l'aime ? malepeste !
» je suis *abonné à* l'opéra. » Le S. *Turc.* IV, 3.

« *A* frais communs et à peu de frais, *nous étions abon-*
» *nés pour* nos lectures *avec* un libraire. » Marm. *Mém.* I.

— Il s'emploie le plus souvent avec le pronom personnel :

« *S'abonner* à un journal, à un spectacle, à un con-
» cert. » *Acad.*

☞ *S'abonner à*, fig. dans le style de la conversation : consentir à, s'engager à, souscrire à :

« ... Je m'*abonne à* cent coups d'étrivière,
» *A* me jeter, la tête en bas, dans la rivière,
» Si jamais je souscris à cette indignité. »
Chaban. *Faux Noble*, III, 11.

(Tous ces mots sont de l'usage le plus familier, et ne se placent guère ni dans la poésie, ni dans le style un peu élevé.)

Abonni, ie. part. d'*abonnir*.

ABONNIR, v. a. Rendre bon, rendre meilleur.

« Les caves fraîches *abonnissent* le vin. » *Acad.*

(Il est du style familier.)

— Il s'emploie aussi, et plus familièrement encore, au neutre ; devenir meilleur :

« C'est un vieux pécheur ; il n'*abonnit* point en vieillis-
» sant. » *Acad.*

— S'Abonnir, v. pron. devenir bon ; devenir meilleur :

« Le vin du pays est blanc, fort agréable .... il *s'a-*
» *bonnit* à chaque vendange. » Chois. *Voy.* 125.

ABORD, s. m. (Rac. *Bord.*)

1. Action d'*aborder*, de prendre *bord* sur une côte, dans un port :

« Nous avons tenté l'*abord* inutilement. » *Dict. Acad.*

« Mais l'*abord* de César a changé le destin. »
Corn. *Pomp.* V, 3.

« Leur *abord* fut bien prompt ; leur fuite encor plus
» prompte. » Id. *Cid.* IV, 3.

« Déjà de leur *abord* la nouvelle est semée. »
Rac. *Iphig.* I, 4.

(Voy. la remarque de La Harpe sur ce vers de Racine, et sur l'usage du mot *abord.*)

« Ces rapides coursiers qui sous eux font la guerre
« Pouvoient à leur *abord* épouvanter la terre. »
Volt. *Alz.* II, 1.

2. État de ce qui est *abordé*, des rives, des ports où l'on *aborde*, où l'on descend ; d'une place forte qu'on assiége :

« Ce port est de facile, ou de difficile *abord.* » *Acad.*

« Et d'un bras qui portoit la terreur et la mort
» Aux plus hardis guerriers *en* défendoit l'*abord.* » Rac.

Un nouveau monde, inconnu jusque-là, d'un *abord*
» difficile. » Fonten. III, 219.

« Elle le préféra à son logement du château, pour s'atti-
» rer plus de monde par la commodité de l'*abord.* »
St.-Sim. *Mém.* IV, 33.

« Le port d'Archangel.... *dont l'abord* exigeoit un cir-
» cuit long et dangereux. » Volt. *Charl.* XII, liv. I.

3. Fig. Action des personnes qui en *abordent*, qui en visitent d'autres :

« Cette personne a l'*abord* facile, gracieux, ou l'*abord*
» rude, fâcheux. Craindre l'*abord* de quelqu'un. *Abord*
» doux, engageant. Leur *abord* a été fort froid. Il me
» parut froid *à l'abord.* » *Dict. Acad.*

« Et du méchant l'*abord* contagieux
» N'altère point son innocence. » Rac. *Ath.* II, 9.

« . . . . Je vois bien
» Que mon *abord* ici trouble votre entretien. »
Id. *Andr.* IV, 5.

« . . . . . Dans cet *abord*, Joconde
» Voulut les envoyer dormir dans l'autre monde. »
Laf. *C.* I, 1.

« Votre *abord* est si tendre et si persuasif. »
Regn. *Démocr.* II, 7.

« Il a les dents noires, rongées et telles que son *abord*
» ne se peut souffrir. » La Bruy. *Théoph.* XIX.

« Quand il ne sera point d'un *abord* farouche et diffi-
» cile. » Id. *Car.* ch. XIII.

« Son *abord* facile. » St.-Sim. *Mém.* 11.

« Son âme, à mon *abord*, s'ouvrit aux sentiments pa-
» ternels dont elle étoit pleine. » J. J. Rouss. *C.* IV, 212.

« Son premier *abord* annonçoit un ami à l'inconnu qui
» lui parloit. » Marm. *Mém.* I.

4. Arrivée, affluence ; se dit des personnes et des choses :

« Il y a un grand *abord* de monde en cette maison, en
» cette ville ; il y a un grand *abord* de toutes sortes de
» marchandises et de denrées. » *Dict. Acad.*

« La ville devoit à son temple... l'*abord* des étrangers
» dont elle étoit enrichie. » Boss.

« Horace ne cherchoit pas les grandes hôtelleries, à
» cause du trop grand *abord.* » Dac. *Hor.* VI, 351.

« Le grand *abord* des négocians ne rendoit pas la ville
» plus difficile à surprendre. » S. Réal, *Ven.* 116.

« On y vit... un grand *abord* des meilleures sortes de
» poissons. » Rayn. *H. Phil.* VIII, 155.

☞ Dès l'abord. Locution adverbiale : en commençant ; premièrement. (est peu d'usage.)

« *Dès l'abord*, leur doyen, personne fort prudente,
» Opina qu'il falloit, et plus tôt que plus tard,
» Attacher un grelot au cou de Rodilard. »
Lafont. II. *F.* 2.

☞ *Dans l'abord :* même sens : (n'est plus d'usage.)

« *Dans l'abord*, il se met au large. »
Lafont. *Fab.* II, 16.

« Notre amoureux ne songeoit près ni loin,
» *Dedans l'abord*, à jouir de sa mie. » Id. *C.* I, 5.

D'ABORD. Locution adverb.

1. Premièrement :

« *D'abord* il semble que cela soit vrai. *D'abord* j'ai été
» trompé. » *Dict. Acad.*

« Le dédale des cœurs en ses détours n'enserre
» Rien qui ne soit *d'abord* éclairé par les dieux. »
Lafont. *IV*, *F.* 19.

« Quelques prêtres, ma sœur, ont *d'abord* proposé. »
Rac. *Ath.* V, 1.

« Un ordre qui *d'abord* a pu vous alarmer. »
Id. *Britan.* I, 2.

« Il faut *d'abord* s'attacher à un petit nombre d'é-
» poques. » Boss. *H. Univ. Av.-Prop.*

« *D'abord*, j'eus horreur de ce que je voyois, mais in-
» sensiblement je commençois à m'y accoutumer. »
Fénél. *Tél.* IV.

« Son naturel lui fit *d'abord* aimer les étrangers, avant
» qu'il sût à quel point ils pouvoient lui être utiles. »
Volt. *Charl.* XII, liv. I.

☞ 2. Sur-le-champ, tout de suite :

« L'amour m'en eût *d'abord* inspiré la pensée. »
Rac. *Phèd.* II, 3.

« Qui *d'abord* accabloit ses ennemis surpris. »
Id. *Athal.* III, 1.

« L'imagination qu'on prend *d'abord*, que les bonnes
» choses sont inaccessibles... cela perd tout. »
Pasc. *Pens.* I, art. 3.

« Ames oisives, sur lesquelles tout fait *d'abord* une vive
» impression. » La Br. *Car.* ch. IV.

« Télémaque le reconnut *d'abord.* » Fénél. *Tél.* IX.

« C'est une clémence que de faire *d'abord* des exemples
» qui arrêtent le cours de l'iniquité. » Id. *ibid.* XII.

« Le plumage a toute sa beauté *d'abord* après la pre-
« mière vue. » Buff. *O.* VIII, 5.

☞ *D'abord* se construit avec *que ;* dès que ; aussitôt que :

« Les plaisirs sont amers, *d'abord qu'*on en abuse. »
Mad. Desh. I, 203.

« *D'abord qu'*il eut appris que ses intrigues étoient
» éventées. » Mong. *Her.* 122.

« *D'abord que* nous l'aperçûmes, nous le saluâmes. »
Le Sag. *Gilb.* II, ch. 1, 108.

« *D'abord que* nous fûmes en liberté. »
Id. *ibid.* ch. 5, 148.

(Cette expression, qui se trouve aussi dans Pascal et dans Molière, est surannée.)

Tout d'abord. Locut. adverb. ; sur-le-champ : (n'est plus du style élevé. Voy. Féraud, t. 1, 653.)

« Si quelqu'une de vous touche à la quatrième,
» Je l'étranglerai *tout d'abord.* » Lafont. *I*, *F.* 6.

« Et *tout d'abord*, oubliant leur mangeaille. »
J. B. Rouss. I. *Ep.* 1.

« S'ils ne viennent pas *tout d'abord*, ils viennent avec le
» temps. » Fonten. VIII, 188.

ABORDABLE, adj. des deux genres, qui ne se met qu'après son substantif, *un homme abordable*, *une côte abordable*. (Lav.)

Qu'on peut aborder :

« Cette côte n'est pas *abordable*, à cause des écueils. »
Dict. Acad.

« Les barques ont peu de ressources entre deux rives
» également escarpées, qui n'offrent que deux points *abor-*
» *dables.* » Ramond, *sur le voy. de Coxe*, tom. 1, p. 56.

— On dit figurément qu'un homme est très-*abordable*, ou n'est pas *abordable*, pour dire qu'il est de très-facile, ou de difficile accès. *Acad.*

(Cette expression est du langage familier.)

ABORDAGE, s. m.

1. Action par laquelle un vaisseau en *aborde* un autre pour l'attaquer :

« Aller à l'*abordage.* » *Acad.*

« Un vaisseau anglois qui fut pris *à l'abordage.* »
Fonten.

« Le capitaine, effrayé du danger de l'*abordage*, alloit
» se livrer au pirate. » Marm. *C.* II, 79.

« Avec un gros fusil d'*abordage.* » Buff. *O.* XVII, 257.

— Se dit ordinairement en parlant des combats de mer :

« Prendre un vaisseau par *abordage*, à l'*abordage.* »
Acad.

— Il se dit aussi du heurt de deux vaisseaux qui viennent à tomber l'un sur l'autre :

« Dans les tempêtes il n'y a rien de plus à craindre que
» l'*abordage*. Les vaisseaux portent du feu la nuit, pour
» éviter les *abordages.* » *Dict. Acad.*

☞ 2. Action d'*aborder* quelqu'un, de l'accoster : »

« Il faut ici ma foi soutenir l'*abordage ;*
» Monsieur Géronte approche. » Regn. *Lég. univ.* V, 2.

« Je ne vais qu'avec crainte à l'*abordage ;* elle me paroît
» fille réservée. » Le Sag. *Traître*, III, 7.

(Dans ce dernier exemple il est familier et un peu libre.)

☼ ABORDÉE (d'), loc. adv. qui est vieillie, et qui avoit le même sens que d'*abord :*

« L'air ouvert du duc d'Orléans, et ce qu'il dit d'*abor-*
» *dée* au Maréchal. » St.-Sim. *Mém.* II, 350.

Abordé. part. d'*aborder*.

— S'emploie quelquefois en poésie adjectivement :

« Si mon frère *abordé* sur cette terre impie. » Volt.

« Eh quoi ! deux malheureux en ces lieux *abordés.* » Id.

ABORDER, verbe.

1. Neutre. Arriver au *bord*, au rivage ; prendre terre ; se construit avec diverses prépositions, et prend *être* ou *avoir* aux temps composés :

« Le vent étoit si fort que nous ne pûmes *aborder*. *Abor-*
» *der à* la côte, *au* rivage, *dans* une île. Nous avons *abor-*
» *dé*. Nous sommes *abordés.* » *Dict. Acad.*

« Seigneur, depuis huit jours, l'impatient Pharnace
» *Aborda* le premier *au* pied de cette place. »
Rac. *Mithr.* II, 3.

« Comme un pilote en mer, qu'épouvante l'orage,
» Dès que le bord paroît, sans songer où je suis,
» Je me sauve à la nage, et j'*aborde où* je puis. »
Boil. *Disc. au Roi.*

« Sept sauvages *abordent en* Normandie dans un vaisseau d'osier et d'écorces d'arbres. » Boss. *H. U. Cont.* II, 58.

« Nous *abordâmes dans* l'île. » Fén. *Tél.* V.

« Nous fîmes les derniers efforts pour *aborder* à force » de rames *sur* la côte voisine. » Id. *ibid.* I.

« D'où vous vient cette témérité d'*aborder en* mon » île ? » Id. *ibid.*

« Les marchands y *abordent de* toutes les parties du » monde. » Id. *ibid.* III.

Fig. S'approcher de quelque chose, d'un endroit, arriver, venir chez quelqu'un; se construit aussi avec la préposition *de* :

« On ne sauroit *aborder de* cette église, tant elle est » pleine de monde. » *Dict. Acad.*

« Entre nous, verras-tu d'un esprit bien tranquille
» *Chez* ta femme *aborder* et la cour et la ville ? »
Boil. *S.* X.

« On *aborde à* ce château par une allée de noyers. » Mariv. XII, 403.

« Depuis trois semaines qu'elle est dans ce village, je » n'ai pas osé *en aborder.* » Danc. *Chariv.* 5.

2. Actif; est pris dans le même sens que le neutre; mais il est de peu d'usage. Les exemples suivants prouvent toutefois contre Féraud, qu'il peut être actif en ce sens :

« Eh! qui peut sans frémir *aborder* Woërden ? »
Boil. *Ep. IV.*

« Le premier *aborda* les champs de Lavinie. »
Id. *A. P.* III.

« Quoique tous les esclaves de la chrétienté se trouvent » libres en *abordant* cette île, je ne suis pas moins à vous » pour cela. » Voit. *L.* XL.

« Une solitude qui étoit sans cesse épiée, et qu'on ne » pouvoit *aborder* sans péril d'exil, et quelquefois de » prison. » St.-Sim. *Mém.* III, 240.

« Il *aborde* le noir séjour de l'impitoyable Pluton. »
Fénél. *Tél.* XVIII.

— *Aborder* un vaisseau, se dit en deux sens. *Aborder* un vaisseau ennemi, c'est y monter par force, par *abordage. Aborder* un vaisseau, c'est simplement se heurter contre, dans une tempête, ou dans l'obscurité. *Dict. Acad.*

— 3. *Fig.* S'approcher de quelqu'un, l'accoster :

« La foule étoit si grande auprès de ce ministre, que je » n'ai pu *l'aborder.* » *Dict. Acad.*

« Je verrai le témoin de ma flamme adultère
» Observer de quel front j'ose *aborder* son père. »
Rac. *Phèd.* III, 3.

« Ce tigre que jamais je n'*abordai* sans crainte. »
Ibid. IV, 6.

« Mais hier il m'*aborde*, et me serrant la main. »
Boil. *S. III.*

« *Aborder* sans argent un clerc de rapporteur. »
Id. *Lut. III.*

« Veut-elle m'*aborder* ? l'*aborderai-je*, moi ? »
Dufr. *f. Sinc.* IV, 6.

« De quel front *aborder* la mère de mon maître ? »
Volt. *Mér.* III, 1.

« Otage de Zopire, il peut seul aujourd'hui
» L'*aborder* en secret, et te venger de lui. »
Id. *Mah.* II, 6.

« Voici la princesse, prenons mon temps pour l'*aborder.* » Mol. *Princ. d'El.* III, 4.

« Il *m'aborde* avec amitié. » Fénél. *Tél.* II.

« Ses amis mêmes n'osent l'*aborder.* » Id. *ibid.*

« Un homme qui seroit en peine de connoître s'il change, » peut consulter les yeux d'une jeune femme qu'il *aborde.* » La Br. *Car.* ch. III.

« Vous *abordez* cet homme, ou vous entrez dans cette » chambre. » Id. *ibid.* ch. V.

« Dédaigneux et fiers, ils n'*abordent* plus leurs pa- » reils. » Id. *ibid.* ch. VIII.

« Rangés en demi-cercle, les petits à côté des grands, » nous nous laissâmes *aborder.* » Marm. *Mém.* I.

☞ 4. Aborder, absol. Approcher le *bord* d'un vaisseau du *bord* d'un autre vaisseau, pour l'attaquer, le combattre; ou simplement : venir à *bord*, descendre sur le rivage :

« Ils *abordent* sans peur, ils ancrent, ils descendent. »
Corn. Cid, IV, 3.

« Ils veulent *aborder* ; qu'ils *abordent.* »
Marm. C. II, 99.

Nous fîmes les derniers efforts pour *aborder* à force de » rames. » Fénél. *Télém.* I.

— Se dit figurément d'un discours, d'une question, pour traiter, discuter :

« Il n'a pas même *abordé* la question. Ce sujet est diffi- » cile à *aborder.* » *Dict. Acad.*

ABORIGÈNES, adj. (Rac. *ab origine*, qui n'a pas d'origine, d'origine connue.) Se dit des premiers habitants d'un pays, par opposition aux colonies :

« La plupart des peuples latins se disoient *aborigènes*, » tandis que la grande Grèce, beaucoup plus fertile, n'é- » toit peuplée que d'étrangers; » (et en note :) « Ces noms » d'autochthones et d'*aborigènes* signifient seulement que » les premiers habitants du pays étoient sauvages, sans so- » ciété, sans lois, sans traditions, et qu'ils peuplèrent avant » de parler. » J. J. Rouss. *Orig. Lang.* ch. IX.

ABORNEMENT, s. m. Action d'*aborner*, ou l'effet qui résulte de cette action. (Terme d'agriculture.)

Aborné, ée, part. d'*aborner*.

ABORNER, v. a. (Rac. *borne.*) Mettre des bornes à un terrain. « *Aborner* un champ. » *Acad.*

ABORTIF, ive. Adjectif qui suit toujours son substantif; *enfant abortif*, *fruit abortif.*

Avorté, qui est venu avant terme, qui n'a point acquis la maturité. *Acad.*

ABOUCHEMENT, s. m. Entrevue, conférence de deux ou de plusieurs personnes :

« On avoit ménagé un *abouchement* entre eux. l'*abou- » chement* des deux princes n'eut pas le succès qu'on en » attendoit. » *Dict. Acad.*

(Il est peu employé et a vieilli.)

(Anat.) Anastomose; jonction des orifices de deux vaisseaux sanguins :

« Anastomose, terme d'anatomie, qui signifie l'*abouche- » ment* d'une veine dans une autre veine, ou de l'extré- » mité d'une artère dans l'extremité d'une veine. »
Dict. Acad. au mot *Anastomose.*

Abouché, ée, partic. d'*aboucher* ; ne s'emploie pas comme adjectif.

ABOUCHER, v. a. (Rac. *bouche.*) Procurer à quelqu'un une entrevue, une conférence avec une autre personne :

« Les *aboucher* ensemble en secret un instant. »
Bret, *Double Entr.* I, 7.

« L'on doit aujourd'hui l'*aboucher avec* vous dans une » maison empruntée. » Mol. *Av.* II, 1.

« Ne pourrions-nous point les *aboucher avec* leurs ber- » gères ? » Danc. *Chariv.* 13.

« Fort caché dans les commencements, il *fit aboucher* » souvent les deux évêques en sa présence. »
St.-Sim. *Mém.* III, 219.

« J'*abouchai* ce gentilhomme *avec* les parents de Sé- » raphine. » Le Sag. *Gilbl.* XII, ch. 14.

S'aboucher, v. pron. Avoir une conférence avec quelqu'un :

« *S'aboucher* avec quelqu'un. Ils *se sont abouchés.* »
Dict. Acad.

« Allons, *avec* ta mère il faut que *je m'abouche.* »
Volt. *Pemme*, II, 1.

« Il ne s'agit que de faire qu'ils *s'abouchent* et qu'ils se » parlent. » La Bruy. *Car.* ch. VIII.

— On dit des tuyaux *abouchés* l'un *à* l'autre, pour dire, appliqués l'un à l'autre par leurs ouvertures. *Acad.*

☞ (Anat.) Se joindre par les orifices; s'anastomoser :

« Toutes ces ramifications d'artères sont accompagnées » d'autant de ramifications de veines, qui s'anastomosent » ou *s'abouchent* ensemble. »
Journ. des Sav. 1717, p. 277.

ABOUT, s. m. Terme de menuiserie et de charpenterie. Il se dit en général de l'extrémité de toute pièce de bois coupée à l'équerre et façonnée en talus. *Acad.*

ABOUTÉ, ée, adj. (Rac. *bout.*) Mis bout à bout; terme de blason; il se dit de différentes pièces d'armoiries, qui se répondent par les pointes. *Acad.*

« Melat en la même province (Dauphiné) coupé, em- » manché de gueules et d'argent, les trois pointes emman- » chées de gueules, *aboutées* d'autant de roses en face » abaissée. » Ménétr. *Méth.* 121.

☞ Abouti, ie, part. d'*aboutir*, qui *aboutit* ; qui se termine. Il [illegible] usité. On ne le trouve guère que [illegible] Lafontaine :

« Mainte allée, en [illegible] à son centre [illegible],
« Même aux ext[illegible] de ce [illegible] pour[illegible] »
[illegible] I, 94.

ABOUTIR, [illegible] Se terminer; finir; toucher [illegible] bout [illegible]

« Ce champ *aboutit à* un marais. » *Dict. Acad.*

« Voilà le centre et l'immuable point,
» *Où* toute ligne *aboutit* et se joint. »
J. B. Rouss. II, *Ep.* 4.

(Cette citation et celle de Lafontaine, qui se verra plus bas, contredisent l'assertion de M. Planche, que ce verbe ne s'emploie pas en poésie.)

« Deux lignes qui partiroient de leurs yeux pour *abou- » tir jusqu'à* cet astre. » La Br. *Car.* ch. XVI.

« Chacun court à lui, comme au centre *où aboutissent* » toutes les lignes de la fortune. » Fléch. *Or. d'Aig.* 106.

« Selon son dessein, tout doit *aboutir à* Pétersbourg. »
Fonten. *El.* I, 256.

« Une petite rue qui *aboutit dans* la rue Saint-Denis. »
Chois. *Mém.* II, 158.

« On coupe les vaisseaux qui *y aboutissent.* »
Buff. *Quadr.* VI, 46, Lac.

« Du portique royal partent deux rues qui *aboutissent* » *à* la place publique. » Barth. *An.* ch. XII, t. II, 234.

Fig. Avoir pour résultat, pour effet, pour issue, pour fin, pour terme; tendre; se terminer :

« *A* quoi *aboutissent* tous les raisonnements que vous » faites ? cela ne peut *aboutir* à rien; cela n'*aboutira qu'à* » le perdre. » *Dict. Acad.*

« Ne sachant pas *où* devoit *aboutir*
» Tout ce mystère. » La F. C. I, 5.

« *A* quoi auroient *abouti* tant de qualités héroïques ? »
Fléch. *Or. Tur.* 177.

« Vous verrez *où aboutit* enfin le monde avec tous » ses plaisirs et toute sa gloire. » Mass. *Av.* 53.

« Ce désir *n'aboutissoit à* rien. » Mont. *Œ. M.* I, 63.

« S'il est faux (le principe), on *aboutit* nécessaire- » ment *à* une absurdité. » Dider. VI, 343.

— Avec la même préposition, et un verbe à l'infinitif :

« En matière de dépense et de profusion, rien n'est » blâmable, selon le monde, que ce qui peut *aboutir à* » *déranger* la fortune. » Mass. *Car.* II, 438.

« Tout ce que j'ai dit qu'elle fut n'*aboutira qu'à* dire » qu'elle n'est plus. » Fléch. *Orais. d'Aiguill.* 132.

— *Aboutir* se dit aussi des apostèmes et des abcès, lorsqu'ils viennent à crever et que le pus en sort :

« Faire *aboutir* un abcès. Un clou qui *aboutit.* »
Dict. Acad.

ABOUTISSANT, te, adj. verb. Qui touche par son extrémité :

« Un arpent *aboutissant à* la forêt. Une pièce de terre » *aboutissante* d'un côté *à*... » *Dict. Acad.*

ABOUTISSANTS. s. m. pl. On dit *les tenants et les aboutissants* et non les *tenants et aboutissants*, comme dit l'*Académie*, pour signifier les côtés par où une chose tient et *aboutit* à une autre :

« Il lâche ensuite, comme par abondance de cœur, *les* » *tenants, les aboutissants*, la rue et le logis de M. Fron- » chard. » Dufresny, T. VI, 98.

— Figurément, on dit aussi, dans le style familier, qu'un homme sait tous les *tenants et les aboutissants* d'une affaire, pour dire qu'il en sait toutes les circonstances et les dépendances. *Acad.*

ABOUTISSEMENT, s. m. Action d'*aboutir* ; ne se dit guère que d'un abcès qui *aboutit*. *Acad.*

AB OVO. Expressions latines qui se disent proverbialement pour, dès le principe, dès l'origine :

« Prendre un fait *ab ovo.* » *Dict. Acad.*

« C'est une histoire que je veux vous raconter *ab ovo.* »
Mariv. II, 77.

ABOYANT, te, adj. verb. qui *aboie* :

« Des chiens *aboyants*. Une meute *aboyante.* » *Acad.*

Aboyé. part. d'*aboyer*, ne s'emploie pas adjectivement.

☞ ABOYER, v. a. (Rac. *aboi.*) Japer. Ce mot exprime proprement l'action des chiens qui font entendre la voix qui leur est particulière. L'*Académie* ne le donne pas *actif* ; en voici pourtant des exemples :

« La plupart des chiens se contentent de *l'aboyer* (le » hérisson), et ne se soucient pas de le saisir. »
Buffon, Q. II, 283.

« Moi, je ne tue point un chien qui *m'aboie.* »
Dider. *Senèq.* I, 27.

Aboyer, v. n. a le même sens que l'*actif* :

« Quand avons-nous manqué d'*aboyer au* larron? »
Rac. *Plaid.* III, 3.

« Font *aboyer* les chiens et jurer les passants. »
Boil. *Sat. VI.*

« Il entend *aboyer* dans son armoire qu'il vient de fer-» mer. » — « Il faut attendre, pour faire le compliment » d'entrée, que les petits chiens aient *aboyé.* »
La Br. ch. XI, XIII.

« Il me semble que j'entends un chien qui *aboie.* »
Mol. *Av.* I, 7.

— L'*Académie* remarque qu'il ne se dit au propre que d'un chien. Cependant Buffon l'emploie en parlant du renard :

« Le renard glapit, *aboie*, et pousse un son triste. »
Quadr. VI, 308, Lac.

— On dit proverbialement et figurément, tous les chiens qui *aboient* ne mordent pas, pour dire, Que ceux qui menacent ne sont pas toujours fort à craindre. *Acad.*

— *Fig.* Crier contre quelqu'un; l'attaquer de paroles; lui dire des injures :

« Tous ses créanciers *aboient après* lui. » *Dict. Acad.*

« Rude aux voleurs, doux à l'amant,
» J'*aboyois*, ou faisois caresse. » Mallev. 344.

« *Aboyez* bien à tout le monde. » Benser. I, 180.

« Mais tout fat me déplait et me blesse les yeux ;
» Je le poursuis partout, comme un chien fait sa proie,
» Et ne le sens jamais qu'aussitôt *je n'aboie.* »
Boil. *S. VII.*

« Jean Jacque, assez connu par ses témérités,
» Moderne Diogène, *aboie à* nos beautés. »
Volt. XIII, 238.

« Mais l'argent d'autre part nous presse pour notre » subsistance, et nous avons de tous côtés des gens qui » *aboient après* nous. » Mol. *Fourb.* I, 7.

— On dit aussi figurément et familièrement, *aboyer après* quelque chose, pour, La désirer, la poursuivre ardemment :

« Ils sont trois ou quatre qui *aboient après* cette » charge. » *Acad.*

Aboyer *à la lune* : locution proverbiale, qui signifie crier en vain, vociférer sans raison et sans résultat :

« Connois-tu ce fâcheux qui contre la fortune
» *Aboie* imprudemment, comme un chien *à la lune?* »
Théoph. I, 202.

« Le natif de Saint-Malo ne partit point pour la lune, » comme il le croyoit; il se contenta d'*y aboyer.* »
Volt. LIX, 43.

☞ S'Aboyer, v. p. En parlant de chiens qui *aboient* l'un *après* l'autre :

« Deux chiens qui *s'aboient*, qui s'affrontent. »
La Br. *Car.* ch. IV.

ABOYEUR, s. m. Chien qui *aboie* :

« Là l'on voit la biche légère,
» Loin du sanguinaire *aboyeur*,
» Fouler, sans crainte et sans frayeur,
» Le tendre émail de la fougère. »
Rac. V, 463.

— Au fig. se dit de gens qui clabaudent, qui profèrent des injures; qui crient :

« Ce critique n'est qu'un *aboyeur.* Ce créancier est un » dangereux *aboyeur.* » *Acad.*

ABRACADABRA, s. m. Mot barbare auquel l'antiquité superstitieuse attribuoit la propriété occulte de guérir certaines maladies. Voy. Trévoux, les *notes sur* Serenus Sammonicus, et Voiture, *L. CXCXII.*

« Que vous m'avez obligé de m'apprendre cette pro-» priété occulte d'*abracadabra!* » Costar, *Entret.* 227.

ABRAXAS, s. m. Espèce de talisman, d'amulette, sur lequel étoit gravé le mot *Abraxas;* et, en général, talisman portant des caractères hiéroglyphiques. (Consultez Furetière, et Richelet, au *mot abracadabra*, et Trévoux sur *Abraxas.*)

« Sur plusieurs *abraxas*, talismans, amulettes, on » trouve des figures égyptiennes, jointes à des voyelles » combinées de plusieurs manières différentes. »
Barthél. *Acad. Mém.* XLI, 516.

« Spon rapporte une espèce d'*abraxas*, au revers du-» quel on voit les sept voyelles combinées de sept façons » différentes. » *Ibid.* 517.

ABRÉGÉ, s. m.

1. *Épitomé; compendium;* ouvrage fait d'après un plus grand, et dans lequel on a réduit en moins de paroles la substance de ce qui est ailleurs plus au long :

« Il réduit toute la théologie, tout le droit canon en » *abrégé.* Il en a fait un *abrégé.* » *Dict. Acad.*

« Vos *abrégés* sont longs au dernier point. »
J. B. Rouss. II, *Epig.* 12.

« Les auteurs n'aiment pas ordinairement que l'on fasse » des *abrégés* de leurs ouvrages. » Perrault, *H.* III, 36.

« Nous avons de lui (de Justin) l'*abrégé* d'une histoire » universelle de Trogue Pompée. » La H. *Lyc.* III, 326.

« Les *abrégés* sont utiles quand ils donnent la connois-» sance entière de la chose dont ils parlent. » Dumars.

☞ 2. Narration sommaire, histoire courte et succincte qui n'offre que les principales circonstances d'un événement, d'une époque :

« Voici l'*abrégé* de sa vie,
» Qui fut trop longue de moitié. » Piron, IX, 43.

« Une foi vive dans l'intérieur, les pratiques extérieures » de la piété dans les saintes observances de l'église, et la » fréquentation des saints sacrements; trois moyens de con-» server l'innocence, et l'*abrégé* de la vie de notre sainte » Princesse. » Boss. *Or. Mar. Th.* 107.

— Un *abrégé* où l'on voit comme d'un coup d'œil tout » l'ordre des temps. » Id. *H. univ.*

« Il y a dans son *abrégé* (celui de Paterculus) beaucoup » plus d'idées et d'esprit que dans celui de Florus. »
La H. *Lyc.* III, 331.

3. *Fig.* Réduction; raccourci :

« L'homme est un *abrégé* des merveilles de l'univers. »
Dict. Acad.

« La géante paroît une déesse aux yeux,
» La naine un *abrégé* des merveilles des cieux. »
Mol. *Mis.* II, 5.

« Et cette reine des cités
» A mes yeux toujours enchantés
» Présente un *abrégé* du monde. »
Barthe, *Ep.* XIII.

« Cette superbe ville, qu'on m'avoit vantée comme *l'a-» brégé* de toutes les merveilles du monde. »
Le S. *Gilbl.* II, ch. 6.

« Il entreprit de se faire passer pour l'*abrégé* de toutes » les perfections. » Id. *ibid.* IV, ch. 7.

« Nos jardins sont l'*abrégé* de la campagne. »
Marm. *C.* IV, 86.

☞ En Abrégé. Phrase adverb.

1. Par la méthode des *abrégés*, des épitomés :

« On ne doit et l'on ne peut traiter l'histoire générale » qu'*en abrégé.* » Gir. *Syn.* I, 82.

2. Sommairement, succinctement :

« Je ne vous dis tout ceci qu'*en abrégé.* » Patru, 928.

« Si vous vouliez quereller *en abrégé*, mon petit mari, » je vous en aurois bien de l'obligation. — *En abrégé*, » Madame? Et les moyens de renfermer en peu de paroles » tous les sujets de plaintes que vous me donnez tous les » jours? » Danc. *Bourg. à la M.* IV, 5.

« Elle nous exposa *en abrégé*, mais avec force et clarté, » le plan d'éducation qu'elle avoit fait pour elle. »
J. J. Rous. *Hél.* VI, 2, 11.

3. Par abréviations; par signes. (Voy. *abréviations.*)

Abrégé, ée, part. d'*abréger.*

ABRÉGER, v. a. (Rac. *brevis*, bref.)

1. Réduire, rendre plus court; mettre en moins de paroles, en gardant le fond et la substance de l'original :

« *Abréger* une narration. *Abrégez* votre discours. »
Dict. Acad.

« Il auroit plus tôt fait de dire tout cent fois,
» Que de l'*abréger* une. » Rac. *Plaid.* III, 3.

« Le traducteur qui rima l'Iliade
» *De* douze chants prétendit l'*abréger.* »
J. B. R. II, *Ode* 12.

« Leur utilité et leur usage est d'éclaircir et d'*abréger* » le discours. » Pasc. *Pens.* I, art. 2.

« Je lui simplifiai les règles, je *lui abrégeai* la méthode. »
Marm. *Mém.* II.

2. Rendre plus court; diminuer la longueur, l'étendue, le cours :

« Ses débauches *lui abrégèrent* la vie. Sa méthode » *abrège* de beaucoup le temps des études. » *Dict. Acad.*

« Cours par un prompt trépas *abréger* ton supplice. »
Rac. *Mith.* II, 6.

« Je doute, en sa demeure, alors si fortunée,
» S'il n'eût point prié Dieu d'*abréger* la journée. »
Boil. *S. X.*

« Toutefois les froides soirées
» Commencent d'*abréger* le jour. »
J. B. Rouss. II. *O.* 5.

« Et tâcha, autant qu'il peut, d'*abréger* ses années. »
Regn. *Démocr.* III, 7.

« . . . . Nous autres, gens de cour,
» Nous savons *abréger* le chemin de l'amour. »
Id. *Distr.* III, 2.

« . . . . *Abrégeons* les adieux. » Duf. *Dév.* 3.

« C'est un bienfait de Dieu d'avoir *abrégé* la tentation » avec les jours de Madame. » Boss. *Or. Henr.* 56.

« Je garderai jusqu'au tombeau l'affreuse idée d'avoir » *abrégé* la vie de celle à qui je la dois. »
J. J. R. *H.* III, I, 5.

« L'amour de l'étude et du plaisir *abrégea* ses jours. »
Dider. VI, 509.

☞ 3. *Fig.* Faire paroître moins long :

« Le renard et le chat faisant voyage ensemble,
» Par maints discours moraux *abrégeoient* le chemin. »
La Mott. IX, 66.

« *Abréger* par le jeu la longueur des hivers. »
Del. *G.* 1.

« Mille heureux passe-temps *abrègent* la soirée. »
Id. *H.* I.

— Abréger se met sans régime, neutralement : le régime est sous-entendu et se peut suppléer :

« Vous êtes trop long, *abrégez.* Laissons ce point pour » *abréger;* prenez ce chemin, il *abrège.* » *Dict. Acad.*

« Psyché remercie la tour, prend le panier avec l'équi-» page, descend dans la cave, et, pour *abréger*, elle ar-» rive saine et sauve au-delà du labyrinthe. »
Lafont. *Psych.* II, 185.

« C'est *abréger*, et s'épargner mille discussions, que de » penser de certaines gens qu'ils sont incapables de parler » juste. » La Bruy. *Car.* ch. XII.

« J'*abrège* de peur d'ennuyer. » Chab. *Tabl.* 34.

☞ S'Abréger, v. p. Devenir plus court.

« La vie déjà raccourcie *s'abrège* encore par les vio-» lences qui s'introduisent dans le genre humain. »
Boss. *H. univ.*

ABRÉVIATEUR, s. m. (Rac. *brevis*, bref.)

1. Celui qui abrége un auteur, un livre; qui les *abrévie.* (Ce verbe *abrévier*, qui n'est pas en usage, se trouve plusieurs fois dans Boindin, T. II, p. 109 et suiv.)

« Xiphilin, *abréviateur* de Dion, est fait patriarche de » Constantinople. » Boss. *H. univ. Cont.* I, 68.

« Venons aux historiens de la seconde classe, les *abré-» viateurs* et les biographes. » La H. *Lyc.* III, 326.

☞ 2. Celui qui fait, d'original, une histoire abrégée, un abrégé :

« Le président Hénault l'a nommé (Paterculus) avec jus-» tice le modèle des *abréviateurs.* » La H. *Lyc.* III, 331.

— ABRÉVIATION, s. f. (pron. *ti* comme *ci.*) Le signe, ou les signes qui représentent un mot écrit en abrégé, qui n'est pas écrit en toutes lettres :

« La date du pape ne se mettant jamais que de la main » du dataire ou sous-dataire tout du long, *sans abrévia-» tion.* » Peliss. III, 146.

« A l'égard des prénoms qui commençoient par les mê-» mes lettres, et dont l'*abréviation* par conséquent pou-» voit être équivoque. » Boind. *Œ.* II, III.

« Pour Marcus et Marius, on devoit moins s'y tromper » car leur *abréviation* ne varioit point. » *Ibid.* 113.

« Il a changé les anciens caractères trop barbares, et » presque indéchiffrables à cause des *abréviations.* »
Fonten. VI, 237.

✻ ABRÉVIATURE, s. f. Signe qui représente un mot abrégé, ou une partie abrégée d'un mot; abréviation : (Ce mot n'est pas reçu, et pourroit même être appelé un barbarisme.)

« Le livre V contient ce qu'il a pu ramasser des *abré-» viatures*, tant communes qu'extraordinaires. »
Le Clerc, *Bibl. chois.* XVII, p. 365.

« Sur les mots quatrième et cinquième on voit des » barres qui marquent que ce sont des *abréviatures.* »
Ib. XXIV, 134.

Abreuvé, ée, part. d'*abreuver.*

ABREUVER, v. a. (Rac. *breuvage.*)

1. Faire boire. (Se dit des animaux.)

« Elle est active, adroite, vigoureuse,
» Conduit chevaux, les panse, *abreuve*, étrille. »
Volt. *Puc.* II.

« Un autre muletier voulut aussi *abreuver* ses mulets. »
Flor. *Q.* I, ch. 3.

☞ — Se dit aussi familièrement, en parlant des hommes, et c'est à tort que l'*Académie* n'a pas admis cet emploi d'*abreuver*, puisque les exemples suivants le donnent :

« Sitôt que du nectar la troupe est *abreuvée.* »
Boil. *L. I.*

« Un torrent salutaire *abreuve* le Romain. » L. Rac.

« D'un vin d'Arbois largement *abreuvé.* »
Volt. XIV, 111.

« Les puits qu'ils avoient creusés dans ces pays secs pour » *abreuver* leur famille et leurs troupeaux. »
Boss. *H. U.* II, 57.

« L'hôte se lasse d'abreuver tant de gosiers altérés. »
Le Sag. *D.* ch. VII.

« J'ordonnai qu'on apportât du vin pour *abreuver* la » brigade. » Id. *Gilbl.* M, ch. 4.

« Les hommes alimentés de carnage et *abreuvés* de li» queurs fortes ont tous le sang aigri. » Volt. LVII, 265.

Rem. Mais, en revanche, on ne trouve dans aucun auteur des façons de parler telles que celles-ci, que l'*Acad.* approuve : *tout le monde est abreuvé de cette nouvelle ; il y a dans ce bourg un gros marché, qui nous* abreuve *de toutes les choses nécessaires.* Rien ne paroît plus extraordinaire, et même plus ridicule, qu'un gros marché qui *abreuve* de blé, de farine, de viande, etc.

2. Arroser largement la terre, par le moyen de saignées :

« On dit : les prés ont besoin qu'on les *abreuve* : nos » prés n'ont pas besoin d'être *abreuvés*, à cause des pluies » fréquentes qui les arrosent. » Lig. *Dict.*

☞ 3. Humecter profondément ; mouiller copieusement :

« Comme une tige élevée
» *D'une onde pure abreuvée.* » J. B. R. *Od.*

« Et j'ai sur ces chemins *de* carnage *abreuvés*
» Des yeux toujours ouverts et des bras éprouvés. »
Volt. *Mér.* I, 2.

« . . . . . . Au pied d'un jeune hêtre
» *D'une* onde pure en tout temps *abreuvé.* »
Berlin, I, 86.

« Que la pourpre de Tyr *abreuve* encor ses laines. »
Ibid. 35.

« La nuit, seul dans sa couche nuptiale, il *abreuvoit* » son chevet *de* ses pleurs. » J. J. R. *Lév.* I.

4. Fig. *abreuver* quelqu'un de chagrins, pour lui faire essuyer des peines d'esprit. *Acad.*

« Me nourrissant de fiel, *de* larmes *abreuvée.* »
Rac. *Phèd.* IV, 6.

« Et dans la douce alégresse
» *Dont* tu sais nous *abreuver.* »
J. B. R. *Od.*

« L'infortune en sa coupe amère
» *L'abreuva d'*affronts et *de* pleurs. »
Fonlen. *Merc.* XL, 258.

« Afin de *nous abreuver* et de nous teindre *de* cette » croyance qui nous échappe à toute heure. »
Pasc. *Pens.* II, art. 3.

« Souvenez-vous de ces riches sources, de ces sources » immortelles où vous vous êtes autrefois *abreuvés des* » saintes eaux de la sagesse. » Patr. 34.

« Le seul mérite de cet homme *abreuvé de* honte. »
Marm. *Mém.* III.

— Ce verbe s'emploie aussi avec le pronom personnel :

« *S'abreuver de* larmes, *de* fiel et *d'*amertume. »
Dict. Acad.

« . . . . Ce rivage affreux
» *S'abreuvoit* à regret *de* leur sang malheureux. »
Volt. *Henr.* II.

« Il aime à punir, il aime à *s'abreuver de* larmes. »
Marm. *Mém.* I.

« *Je m'abreuvai*, pour ainsi dire, de la douceur de leurs » regards. » Marm. C. IV, 128.

ABREUVOIR, s. m.

1. Lieu où l'on *abreuve* les animaux ; où on les mène boire et se baigner :

« Comme les maquignons en usent à l'égard des che» vaux qu'on mène à l'*abreuvoir.* »
Furet. *R. Bourg.* p. 419.

« Les barbares surtout qui vivent de leurs troupeaux, » ont besoin d'*abreuvoirs* communs. »
J. J. Rous. *Orig. Lang.* ch. 9.

« J'oublie de mener nos chevaux à l'*abreuvoir.* »
Dider. XI, 4.

☞ 2. Plaie profonde des arbres, causée par l'altération des fibres ligneuses, et où l'eau s'amasse :

« La blessure ne se cicatrise jamais parfaitement, et » souvent elle produit un *abreuvoir* au pied de l'arbre. »
Buff. *M.* XVII, 285.

« Tous ces endroits sont remplis de pourriture, et » forment souvent des *abreuvoirs* ou des fusées en bas ou » en haut, qui gâtent le pied de l'arbre. » *Ib.* 286.

« Ce qu'on appelle dans les forêts des *abreuvoirs* ou des » gouttières. » *Ib.* 338.

(Voy. J. J. Rous. fragm. d'un *Dict. de Botan.* au mot *Abreuvoirs.*)

3. *Fig.* Abreuvoir *à mouches*, plaie large et sanglante. Expression burlesque et triviale :

« Il lui a fait un *abreuvoir à mouches* avec son sabre. »
Dict. Acad.

« Quand Hercule après mainte touche
» Lui fit un *abreuvoir à mouche.* »
Scarr. *Virg.* V.

ABRI, s. m. (Je serois volontiers de l'avis de Pithou, cité par Ménage, qui dérive *abri* d'*abre*, mauvaise prononciation du mot *arbre*. Voyez les autres étymologies dans Ménage.)

1. Lieu qui n'est pas exposé au soleil, ou aux injures de l'air :

« Un bon *abri*. Chercher un *abri*. C'est un lieu extrême» ment couvert, où il n'y a point d'*abri*. »
Dict. Acad.

« Je veux une coiffure, en dépit de la mode,
» Sous qui toute ma tête ait un *abri* commode. »
Mol. *Mar.* I, 1.

« Et des antres riants *l'abri* voluptueux. »
Delil. *H.* III.

« Vous n'aurez de bonnes pêches qu'avec des *abris* et » un sol convenable. » Volt. LI, 324.

« Sans habitation fixe, sans autre *abri* que celui d'un » ciel serein. » Buff. *Quadr.* VI, 5. Lac.

« Le soin de l'homme, la douceur de *l'abri*, la variété » dans la nourriture. » Id. *ibid.* p. 31.

« N'ayant pour tout *abri* que les ailes très-molles d'une » espèce de chapeau. » Pir. IX, 296.

— On dit d'une plage où les vaisseaux sont en sûreté contre le vent, que *c'est un bon abri.*
Dict. Acad.

2. *Fig.* Asile, lieu où l'on est en sûreté :

« La solitude est un *abri* contre les embarras du monde; » la pauvreté volontaire est un *abri* contre la cupidité. »
Dict. Acad.

(Il ne se dit que des choses et non pas des personnes. « La maison d'un protecteur est un *abri*, sa « personne est un appui, un recours. » *Dict. Acad.*)

« Contre toutes les souffrances
» T'être fait un sûr *abri.* » J. B. Rous. IV, *O.* 9.

« Sous le puissant *abri* de son bras despotique. »
Volt. *Henr.* IV.

A l'abri, locution adverbiale, qui signifie :

1. A couvert, et se construit avec *de :*

« Tel en un secret vallon
» Sur le bord d'une onde pure
» Croît, *à l'abri de* l'aquilon,
» Un jeune lis, l'amour de la nature. »
Rac. *Ath.* II, 3.

« *A l'abri de* ce trône attendez mon retour. »
Id. *Esth.* II, 8.

« Encor, si vous naissiez *à l'abri du* feuillage
» Dont je couvre le voisinage. »
Lafont. *Fab.* II, 8.

« Les montagnes mettent cette côte *à l'abri des* vents » brûlants du midi. » Fénél. *Tél.* III.

« Dans ma chambre, *à l'abri du* nord. »
La Br. *Car.* ch. IV.

Fig.

« Rien ne met *à l'abri* de cet ordre fatal. »
Rac. *Esth.* I, 3.

« Nous sommes dans ces lieux *à l'abri* des visites. »
Regn. *Démocr.* I, 4.

« Sa piété et sa simplicité n'étoient pas *à l'abri de* l'en» flure que lui donnoit la confiance de la Maintenon. »
St.-Sim. *Mém.* III, 221.

« Voilà comment se forme le vrai sage qui n'est pas » plus qu'un autre *à l'abri des* passions. »
J. J. Rouss. *H.* IV, *L.* 12. t. III, 148.

« Il leur faisoit apprendre un métier utile et solide, » qui pût les mettre *à l'abri de* l'indigence. »
D'Al. *El.* I, 116.

— *A l'abri* se dit aussi de ce qui sert à mettre à couvert; ainsi, on dit : être *à l'abri* d'un bois, d'une muraille; et, figurément, agir *à l'abri* de la faveur, et alors *à l'abri* signifie *sous l'abri.*
Dict. Acad.

☞ 2. A la faveur, par le moyen :

« . . . Un galant de qui tout le métier
» Est de courir le jour de quartier en quartier,
» Et d'aller, *à l'abri d'*une perruque blonde,
» De ses froides douceurs fatiguer tout le monde. »
Boil. *S. IV.*

« Vous dormez *à l'abri* de ces noms révérés. »
Ib. V.

« L'un et l'autre dès-lors vécut à l'aventure
» Des présents qu'*à l'abri* de la magistrature
» Le mari quelquefois des plaideurs extorquoit. »
Ib. X.

3. Absolument, en sûreté :

« Être *à l'abri* derrière une muraille. » *Dict. Acad.*

« Et sut mettre *à l'abri* ses plus précieux gages. »
Corn. *Sert.* I, 3.

« Le vent.. les fit entrer dans une rade où ils se trou» vèrent *à l'abri* et tout auprès du port. » Fénél. *Tél.* IX.

« Ce n'étoit que là qu'il se trouvoit *à l'abri* et à son » aise. » St.-Sim. *Mém.* IV, 75.

« Elle s'arrête, le saisit, l'emporte pour le mettre à » *l'abri.* » Buff. V, 22.

ABRICOT, s. m. (Rac. peut-être [illegible]. Voy. Ménage et Furetière.) Sorte de fruit à noyau dont le goût tient de la pêche et de la prune, et dont la chair et la peau tirent sur le jaune :

« *Abricots* en espalier, en plein vent. *Abricots* confits. » Compote d'*abricots*. Pâte, marmelade d'*abricots*. »
Dict. Acad.

« Ce doux *abricot* sans pareil
» Dont la couleur est si charmante. » Rac. V, 476.

« Le laitage, les œufs, *l'abricot*, la cerise, . . .
» Voilà leurs simples mets . . . . » Del. *H.* III.

« On peut cultiver dans les jardins de Pétersbourg des » cerises, . . . des *abricots*, des *abricots*-pêches. »
B. St. Pierr. *Et.* V, 3.

(L'*abricot*-pêche est une variété de l'*abricot.*)

ABRICOTIER, s. m. Arbre fruitier qui porte l'*abricot :*

« Mes deux puits et mes *abricotiers* vous appellent. »
Boil. III, 83.

Abrité, ée, part. d'*abriter*.

ABRITER, v. a. Mettre à l'*abri*.

« *Abriter* un espalier. Cette maison est *abritée* par une » montagne. » *Dict. Acad.*

☞ S'abriter, v. p. se mettre à l'*abri :*

« Venir, en longeant la rive, *s'abriter* sous les bords. »
Buff. *Ois.* II, 85.

ABROGATION, s. f. Pron. *ti* comme *ci*. Annulation; abolition; suppression.

(Il ne se dit guère qu'en parlant d'une loi, d'une coutume, selon l'*Acad.*)

« Vous verrez dans la suite de l'histoire comment cette » discipline a changé; si c'est de propos délibéré, par bon » conseil, après avoir bien pesé toutes les raisons de part » et d'autre, par des lois nouvelles, des *abrogations* ex» presses. » Fleur. *Disc.* II, 61.

« Quel moyen, si le gouvernement en sait user, et qu'il » soit question de préparer le changement d'une loi ou *l'ab*» *rogation* d'un usage ! » Dider. IV, 498.

Abrogé, ée, part. d'*abroger*.

ABROGER, v. a. (Rac. *abrogare.*) Annuler, abolir :

« Aucun législateur de l'antiquité n'a tenté *d'abroger* » la solitude. » Volt. LI, 129.

« Je trouvai cet usage injuste, et je *l'abrogeai* pour les » François. » J. J. R. *C.* VII, 178.

— *Rem.* J. J. Rousseau a dit (*Conf.* VII, 158.)

« Le plus grand avantage du mien (de mon système) » étoit *d'abroger* les transpositions et les clefs. »

Dans cette phrase, *abroger* ne paroît pas être le mot propre : *supprimer* valoit peut-être mieux. *Abroger* ne se dit guère, suivant l'*Académie*, que des lois, des coutumes, des choses établies par les lois. Cependant, dans l'exemple cité plus haut de Voltaire, ce mot est employé en parlant de la solitude, qui n'est ni une loi, ni une constitution, ni une cérémonie.

— S'emploie avec le pronom personnel :

« Cette loi *s'est abrogée* d'elle-même. » *Dict. Acad.*

ABROTONE, s. m. Plante.

« Tout odorat est flatté par la lavande, le romarin, la » sauge, *l'abrotonum* et le thym. » *Var. Littér.* I, 89.

ABROUTI, ie, adj. Terme d'eaux et forêts, qui se dit des bois dont les bourgeons ont été détruits (*broutés*) par les bestiaux. *Dict. Acad.*

— ABRUPTO. *Ab abrupto*, ou *ex abrupto*. Mots latins adoptés en françois.

1. *Exorde ab* ou *ex abrupto*, est, en style de rhétorique, un exorde vif, impétueux, brusque, sans préparation ni précaution oratoire, opposé à l'exorde par insinuation :

« L'exorde doit être ordinairement de la plus grande » clarté, de la plus grande simplicité, de la plus grande » netteté, à moins que l'occasion ne vous présente un » mouvement heureux, ce que les anciens appeloient » *l'exorde ex abrupto*, par lequel vous commencez à » heurter impétueusement ou un sophisme révoltant ou » une proposition totalement illégale et insensée. »
La H. *Lyc.* II, 393.

2. *Ab abrupto*, adverb. ou *ex abrupto*. Sans préparation ; brusquement ; (terme de rhétorique) :

« Cicéron fit *ex abrupto* une très-belle oraison. »
Dider. XV, 217.

— Par extension, se dit, en plaisantant, d'une chose qu'on fait brusquement :

« En entrant, il lui donna un soufflet *ex abrupto*. »
Dict. Acad.

« Je pourrai t'épouser de même *ex abrupto*. »
Regn. *Bal*, 3.

ABRUTI, IE, part. d'*abrutir*.

ABRUTIR, v. a. (Rac. *brute*.)

1. Les hommes ; les rendre, pour ainsi dire, semblables aux *brutes* ; les rendre ineptes, stupides, les abêtir, diminuer leur esprit, leurs moyens :

« Le vin pris avec excès *abrutit* les hommes, *abrutit* » l'esprit. » *Dict. Acad.*

« Vous l'avez accablé, contredit, *abruti*. »
Gress. *M.* I, 4.

« Loin de l'encourager, vous l'effrayez sans cesse,
» Et vous l'*abrutissez* dès que vous lui parlez. » *Ibid.*

« Un cœur *abruti* dans les plus honteuses délices. »
Massil.

« Le gouvernement turc a déprimé les Grecs et *abruti* » les Egyptiens. » Volt. XVI, 350.

« Il avoit voué à la religion musulmane une aversion par-» ticulière, moins encore pour son absurdité, que pour » l'appui déclaré qu'elle prête à l'ignorance et à tous les » moyens d'*abrutir* les peuples. » D'Alemb. *El.* I, 123.

« L'excès du vin dégrade l'homme, aliène du moins sa » raison, pour un temps, et l'*abrutit* à la longue. »
J.-J. Rouss. *à d'Al.*

« Claude étoit comme *abruti*. » Dider. VIII, 51.

« C'est ainsi qu'on *abrutit* parmi nous les enfants. »
B. St. P. *Et.* I, 569.

2. Les facultés morales ; les diminuer, les altérer :

« Ils avoient *abruti* l'esprit de Monseigneur. »
Volt. XIV, 48.

« Mon maître étoit un jeune homme rustre et violent, » qui vint à bout, en très-peu de temps, de ternir tout » l'éclat de mon enfance, d'*abrutir* mon caractère aimant » et vif. » J. J. Rouss. *C.* I, t. I, 44.

« Ces exercices.... en fortifiant le corps, n'*abrutissent* » point l'esprit. » Id. *Em.* II, 191.

S'ABRUTIR, v. p. Devenir comme une bête ; ne se dit que des hommes :

« Cet homme *s'abrutit*. » *Dict. Acad.*

« A mesure qu'il *s'est abruti*, il a tâché de se persuader » que l'homme étoit semblable à la bête. » Massil.

ABRUTISSANT, TE, adj. verb. Qui *abrutit* ; qui rend bête, semblable aux bêtes :

« Les plaisirs *abrutissants* de la table. » Massil.

ABRUTISSEMENT, s. m. Etat d'une personne *abrutie* ; stupidité, stupeur :

« La mort de M. de M. m'a laissé dans un désespoir qui » va jusqu'à l'*abrutissement*. » Volt. LXVIII, 105.

« Ces cruels Spartiates.... les tenoient sous l'*abrutis-» sement* de la superstition. » Dider. III, 341.

« Il est un degré d'*abrutissement* qui ôte la vie à l'âme. »
J. J. R. *Em.* IV.

« Fuyez une éducation de tyrannie, de mollesse et de » vice, que vous donne l'habitude de vivre avec des esclaves, » dont l'*abrutissement* ne vous inspire aucun des senti-» ments de grandeur et de vertu qui font naître les peuples » célèbres. » Rayn. VI, 273.

✽ ABSCISSE, s. f. (Rac. *abscissus*, coupé.) Portion de l'axe ou du diamètre d'une courbe, comprise entre cet axe ou tel autre point du diamètre, et la rencontre d'une ligne perpendiculaire appelée *ordonnée*. (Voy. d'Alemb. *Mél.*, T. V, p. 235.)

« Savoir que dans une parabole la sous-tangente est double » de l'*abscisse* correspondante, c'est une connoissance » fort stérile par elle-même. » Fonten. V, 8.

« Ils ont ensuite considéré les courbes géométriques re-» lativement au plus grand exposant de l'*abscisse* ou de » l'ordonnée. » Dider. II, 80.

ABSENCE, s. f. C'est l'opposé de *présence* ; état de celui qui est *absent*, qui n'est pas présent, qui est éloigné ; défaut de présence ; éloignement :

« Les peines de l'*absence*. Il fait de fréquentes *absences*. »
Dict. Acad.

« . . . . il a voulu
» Qu'elle eût en son *absence* un pouvoir absolu. »
Rac. *Baj.* I, 1.

« L'ingrat, de mon départ consolé par avance,
» Daignera-t-il compter les jours de mon *absence* ? »
Id. *Bér.* IV, 5.

« Ne me parle point de retour :
» L'*absence* est aussi bien un remède à la haine,
» Qu'un appareil contre l'amour. »
Laf. X, *f.* 12.

« Peu de cœurs comme vous tiennent contre l'*absence*. »
Volt. *Tancr.* I, 6.

« . . . . mon amour aujourd'hui
» Ne sait plus endurer les plus courtes *absences*. »
Parn. *Œ. D.* I, 69.

« N'étoit-ce pas assez que l'Angleterre pleurât votre » *absence* ? » Boss. *Or. d'Orl.* 50.

« Demandez-lui des lettres de consolation ou sur une » *absence*. » La Br. *Car.* ch. V.

« L'*absence* diminue les médiocres passions et augmente » les grandes. » La Rochef. *Max.* 284.

« Elle étoit d'une amitié que les ans ni les *absences* » n'affoiblissoient pas. » St.-Sim. *Mém.* II, 109.

« La moindre *absence* m'est insupportable. »
J. J. Rouss. *H.* I, l. 11.

« Cette princesse l'aimoit tant que ses *absences* l'affli-» geoient. » Marm. *Mém.* V.

« Tout les favorise, et le secret des bois, et l'*absence* » des hommes, et la fidélité des ombres. »
Chat. *At. Gén.* III, 229.

— *En l'*ABSENCE *de*, express. adverb.

« . . . . la fortune jalouse
» N'a pas *en votre absence* épargné votre épouse. »
Rac. *Phèdr.* III, 4.

« Personne ne parle de nous *en notre absence* comme » il en parle en notre présence. » Pasc. *Pens.* I, art. 3.

— *Ext.* se dit des choses morales :

« Il y a dans cet ouvrage une *absence* totale d'esprit, » de goût, de logique. » *Dict. Acad.*

« Votre *absence* d'esprit est une maladie
» Qui se gagne aisément. » Regn. *Distr.* IV, 19.

« Ce besoin dévorant, cette *absence* d'un bien inconnu, » l'empêchoient d'être heureux. » Prév. *Kill.* I, 19.

« Le mouvement étant une action est l'effet d'une cause, » dont le repos n'est que l'*absence*. » J. J. R. *Em.* IV.

« Une pareille production qui prouve une *absence* to-» tale non-seulement de talent, mais d'esprit. »
La H. *Corr.* IV. 43.

« L'*absence* de tout mérite. » Chaban. *Dant.* 27.

Absences, au pluriel, a le sens particulier de distractions, d'actes répétés d'oubli, d'omissions involontaires :

« Il est sujet à des *absences* d'esprit. Il a souvent des » *absences*. » *Acad.*

« Dans les meilleurs poëtes, le goût le plus sûr peut bien » encore avoir ses *absences*. » La Mott. III, 518.

« Ses *absences* pour le jeu. » Regn. IV, 15.

(Ce qui paroît mal écrit ; il faudroit ses *absences* au jeu.)

— *Absence*, pour *mort*, est dans Racine :

« Consolant les mortels de l'*absence* d'Alcide. »
Phèd. I, 1.

ABSENT, TE, adj. (Rac. *absens*, *abesse*.) Qui n'est pas présent, qui est éloigné :

« Présente, je vous fuis, *absente*, je vous trouve. »
Rac. *Phèd.* II, 2.

« Elle attend ton retour, comme une jeune épouse
» Attend son jeune époux *absent* depuis un an. »
J. B. Rouss. IV, *Od.* 5.

« Oui, je sais qu'il peut tout quand Tancrède est *absent*. »
Volt. *Tancr.* I, 6.

« Le souvenir de sa maîtresse *absente*
» S'est réveillé dans son cœur attendri. »
Parn. *Œ.* II, 5.

« Le sentiment de la fausseté des plaisirs présents, et l'igno-» rance de la vanité des plaisirs *absents*, causent l'incons-» tance. » Pasc. *Pens.* I, art. 9.

« Des hommes qui aiment à être *absents*. »
La Br. *Car.* ch. X.

— Se construit avec la prépos. *de* :

1° En parlant des lieux et des choses :

« Etre *absent de* Paris, *de* la cour. Un religieux *absent* » *de* son couvent. » *Dict. Acad.*

« *Absente de* la cour je n'ai pas dû penser,
» Seigneur, qu'en l'art de feindre il fallût m'exercer. »
Rac. *Britann.* II, 4.

« *De* ce même rivage *absent* depuis un mois. »
Id. *Iphig.* II, 7.

« Et jamais l'empereur n'est *absent de* ces lieux. »
Id. *Britann.* II, 4.

☞ 2° En parlant des personnes. Féraud condamne cette construction, et cite ce vers de Campistron :

« J'étois *absent de vous*, inquiet, désolé. »

Les exemples suivants confirmeroient, mais, à notre avis, sans le justifier, l'emploi de cette locution omise ou rejetée par l'*Académie* :

« *Absent de vous*, je vous vois, vous entends. »
Fonten. X, 468.

« Quand j'ai été *absent de* Camille, je veux lui rendre » compte de ce que j'ai pu voir ou entendre. »
Mont. *Gnide*, V.

3. Se dit figurément pour distrait, inattentif :

« Son esprit est quelquefois *absent*. » *Acad.*

« Être présent à la messe de corps, quoiqu'on soit *absent* » d'esprit. » Pasc. *Provinc.* 5.

ABSENT, ABSENTE, s. m. et f.

« On oublie aisément les *absents*. » *Dict. Acad.*

« Rois, prenez soin de l'*absent*
» Contre sa langue homicide. » Rac. *Esth.* III, 3.

« Ignores-tu quel tort ont les *absents* ? »
Sénec. *Elit.* I, 22.

« Je la trouvai gentille, elle me plaisoit fort :
» Mais Paris guérit tout et les *absents* ont tort. »
Gress. *M.* II, 7.

« L'éloge des *absents* se fait sans flatterie. » *Ib.* IV, 3.

« Ils frappent sur tout ce qui se trouve sous leur langue, » sur les présents, sur les *absents*. » La Br. *Car.* ch. V.

« L'on ne sait que trop le beau jeu que la calomnie eut » toujours contre les *absents*. » Pir. II, 94.

« Je ne pense pas même que ce moment soit éloigné...... » parce que les *absents* ont tort, et qu'il n'y a pas d'*absent* » plus *absent* qu'un mort. » Dider. XII, 404.

(Cette phrase : *les absents ont tort*, est devenue proverbiale.)

« Dans les confidences de la plus intime amitié, je ne l'ai » jamais ouï parler mal des *absents*. »
J.-J. Rouss. *C.* IX, 140. — Id. *Em.* V, 92.

« L'*absente* revenoit bien vite. » Id. *C.* IV, t. I, 199.

S'ABSENTER, v. pron. S'éloigner d'un lieu :

1. Sans régime :

« *Je m'absenterai* durant trois mois. *Il s'est absenté.* »
Dict. Acad.

« Cinq juges *s'absentèrent*. » Volt. XXX, 274.

« Le père, attentif à ce qui se passe dans sa maison, » apprend que son fils *s'absente* toutes les nuits. »
Did. IV, 434.

2. Avec la préposition *de* :

« *S'absenter d'*un lieu, *d'*un pays. » *Acad.*

« Qui *s'absentent* habituellement *de* la conférence d'un » canton. » Massil. *Dict. de Planche.*

« Nestor, inconsolable d'avoir perdu son fils, *s'absente* » *de* l'assemblée des chefs. » Fénél. *Tél.* XXI.

« Il ne servit de rien à ceux qui avoient voulu demeurer » neutres, de *s'être absentés de* l'élection. »
Volt. *Charl.* XII, liv. III.

✽ ABSIDE, s. f. (Rac. ἁψίς, voûte.) Le sanctuaire d'une église, particulièrement d'une église grecque ; le rond-point :

« Les prêtres, assis à sa droite et à sa gauche, remplirent » le demi-cercle de l'*abside*. » Chat. *M.* XIV.

ABSINTHE, s. f. (Rac. ἀψίνθιον. — Ce mot ne s'emploie aujourd'hui qu'au féminin et au singulier. Voyez les *Rem.* de Vaugelas avec les *Observat.* de l'*Académie* et de Thom. Corneille ; Aleman, *sur les Nouv. Remarq.* de Vaugelas, p. 199, et dans ses *Nouv. Observations*, p. 25 et 27 ; Ménage, dans ses *Observat.* p. 138 et 292, et dans son *Comment. sur* Malherbe, pag. 399. — L'usage général est aussi de l'écrire par un *h*, et non par un *y*. Voy. Ménage, *Observ.* p. 292 ; Aleman, *Nouv. Observ.* p. 21. — Richelet, Furetière, Trévoux, écrivent *absynthe* : c'est une faute.) Plante très-amère, et dont il y a différentes espèces :

« *Absinthe* pontique, romaine. Vin, huile d'*absinthe*. »
Acad.

« Mais que m'ont-ils offert pour apaiser ma soif ?
» Du fiel et de l'*absinthe*. » L. Rac. I, 375.

« Ainsi qu'une abeille au matin
» Va sucer les pleurs de l'Aurore
» Ou sur l'*absinthe* ou sur le thym. »
Volt. XV, 136.

« Que du côté du fleuve on voie, sur son sable jaune, » un gazon fin mêlé d'un peu de trèfle, et çà et là quelques » touffes d'*absinthe* marine. » B. Saint-P. *Et.* I, 117.

☞ *Fig.* Déplaisir amer ; chagrin, amertume : (ce mot est masculin dans l'exemple suivant, mais c'est une incorrection) :

« Pour vous j'ai sans regret avalé cet *absinthe*. »
J. B. Rouss. *Hyp* IV, 5.

« Leur style est mêlé de fiel et d'*absinthe*. »
La Br. *Car.* ch. V.

ABSOLU, UE, adj. (Rac. *absolutus*, détaché, séparé entièrement, parfait, complet.)

1. Parfait; complet; auquel il ne manque rien :

« Une impossibilité *absolue.* » La Rochef. *Max.* 127.
« Nous ne savons ce que c'est que bonheur ou malheur » *absolu* : tout est mêlé dans cette vie. »
J. J. Rouss. *Em.* II, t. I, 96.
« La solitude *absolue*, le spectacle de la nature, me plon- » gèrent bientôt dans un état presque impossible à décrire. »
Chat. *Gén.* II, 186.

2. Souverain : se dit :

1.) Du pouvoir illimité, des ordres qui n'admettent ni exceptions, ni recours, ni représentations, ni délais :

« Cet empire *absolu* sur la terre et sur l'onde,
» Ce pouvoir souverain que j'ai sur tout le monde. »
Corn. *Cinn.* II, 1.
« . . . . il a voulu
» Qu'elle eût dans son absence un pouvoir *absolu.* »
Rac. *Baj.* I, 1.
« De l'*absolu* pouvoir vous ignorez l'ivresse. »
Id. *Ath.* IV, 3.
« Usurpant sur son âme un *absolu* pouvoir. »
Boil. *Sat.* X.
« Ah ! quand il seroit vrai que l'*absolu* pouvoir
» Eût entraîné Tarquin par-delà son devoir. »
Volt. *Br.* I, 2.
« Souvenez-vous que les pays où la domination du sou- » verain est plus *absolue*, sont ceux où les souverains » sont moins puissants . . . . Son pouvoir *absolu* fait » autant d'esclaves qu'il a de sujets. »
Fén. *Tél.* XII.
« Il y a beaucoup de femmes qui ont un pouvoir *absolu* » sur leurs maris. » Volt. XLIII, 19.
« La couronne est héréditaire ; l'autorité du prince » *absolue.* » Vert. *Port.* 9.

— (*Rem.* Le grand Vocabul. remarque qu'on ne place point *absolu* avant le subst.; qu'on ne dit point un *absolu pouvoir.* Cependant en poésie cette inversion est très-permise, et les vers cités de Racine, de Boileau et de Voltaire, n'ont assurément rien de répréhensible.)

2.) De celui qui possède ce pouvoir souverain; qui peut donner des ordres souverains, *absolus* : On dit qu'un homme est *absolu* dans sa compagnie, pour dire qu'il y fait tout ce qu'il veut; Qu'un homme est *absolu* dans tout ce qu'il veut pour dire que personne ne peut résister à ses volontés. *Acad.*

« Ce Dieu, maître *absolu* de la terre et des cieux. »
Rac. *Esth.* III, 4.
« Vous êtes le maître *absolu* de sa destinée. »
Fonten. VIII, 50.
« On sait assez que tout prince veut être *absolu.* »
Volt. XXV, 231.
« Les rois de Danemarck étoient des doges, il y a un » siècle; ils sont à présent *absolus.* » Id. XXXIV, 26.
« Qui verroit un roi de Pologne dans toute la pompe de » sa majesté royale, le croiroit le prince le plus *absolu* de » l'Europe. » Id. *Charl.* XII, liv. I.

3. *Ext.* Impérieux; dominateur; haut; positif; décisif; tranchant; se dit :

1.) Du ton, des manières :

« Il m'en coûte plus que je ne puis dire, de vous parler » d'un ton *absolu.* » Marm. *C.* III, 72.

2.) De celui qui a ce ton, ces manières : impérieux; dominateur; roide; inflexible, qui veut que tout lui cède, lui obéisse :

« Contre un père *absolu* que veux-tu que je fasse ? »
Mol. *Tart.* II, 3.
« Son père étoit fort sévère et fort *absolu.* »
Fonten. VI, 54.

4. Qui n'a pas de relation, de rapport; *irrélatif*, abstrait :

« Par toujours j'entends un très-long-temps, et non » pas une éternité *absolue*, le toujours de l'avenir n'étant » jamais qu'égal au toujours du passé. *L'absolu*, de quel- » que genre qu'il soit, n'est ni du ressort de la nature, » ni de celui de l'esprit humain. » Buff. *Morc.* 320.
« En toute espèce de projet, il y a deux choses à con- » sidérer : premièrement, la bonté *absolue* du projet; en » second lieu, la facilité de l'exécution. »
J. J. Rouss. *Em. préf.*
« Cet intervalle, où l'individu peut plus qu'il ne désire, » bien qu'il ne soit pas le temps de sa plus grande force » *absolue*, est, comme je l'ai dit, celui de sa plus grande » force relative. » *Ib.* III, t. II, 7.

— C'est en ce sens que les grammairiens emploient l'adj. *absolu*, sans relation, sans régime :

« Je suis entièrement déclaré pour la langue latine, qui » est extrêmement propre, à mon avis, pour les inscrip- » tions, à cause de ses ablatifs *absolus.* » Boil. III, 273.
« Cet adverbe *absolu* (auparavant) n'admet aucune » relation, aucun régime. » Volt. LXVI, 117.

Rem. Un terme *absolu* peut devenir relatif, lorsqu'il est accompagné d'un mot qui indique une comparaison, comme *plus noir, plus gai.* Mais il est des mots tellement *absolus* par leur nature, qu'ils ne souffrent pas ces signes de comparaison. On ne peut pas dire, par ex., que *Virgile est plus immortel que Cicéron*, parce qu'on ne peut pas être plus ou moins immortel. Il en est de même des adjectifs *parfait*, *divin*, *universel*, *essentiel*, etc. Ainsi, quand J. J. Rousseau a dit : « Le premier langage de l'homme, *le* » *plus universel* ; » Et Boileau :

« Sans la langue, en un mot, l'auteur *le plus divin*
» Est toujours, quoi qu'il fasse, un méchant écrivain. »
A. P. I.

ils se sont exprimés d'une manière vicieuse, parce qu'un langage ne peut pas être plus ou moins *universel*, un auteur plus ou moins *divin.* (Lav.)

Absolu (jeudi). Le jeudi de l'*absoute*, le jeudi saint :

« Il y a apparence qu'il dit ailleurs les *restes* de saint » Pierre et de saint Paul; honorer les *restes* des martyrs; » aller à l'adoration des *restes* le jour du jeudi *absolu.* »
Balz. *Socr.* 129.

ABSOLUMENT, adv.

1. Complétement; tout-à-fait; entièrement; de tout point :

« Tout le monde *absolument* fut de cet avis; il nia *ab-* » *solument.* » *Acad.*
« Quoique la nature ne se montre jamais plus libre que » dans les discours sublimes et pathétiques, il est pourtant » aisé de reconnoître qu'elle ne se laisse pas conduire au » hasard, et qu'elle n'est pas *absolument* ennemie de l'art » et des règles. » Boil. *Long.* ch. 2.
« Je crois que si ce grand homme vivoit toujours, il ne » pourroit du tout souffrir ce qu'alors il n'osoit condamner » *absolument.* » Bouh. *Dout.* 141.
« Pertharite tomba *absolument.* » Fonten. III, 106.
« Les vers sur l'amour et sur le vin plaisent toujours, » quand ils ne sont pas *absolument* mauvais. »
Volt. XXXI, 60.
« Quant à la langue grecque, nous conviendrons qu'il » l'ignoroit *absolument.* » D'Alemb. *Él.* VI, 123.

2. Souverainement; en maître *absolu* : d'une manière *absolue* :

« Quoique les personnes n'aient pas d'intérêt à ce qu'ils » disent, il ne faut pas conclure de là *absolument*, qu'ils » ne mentent point. » Pasc. *Pens.* I, art. 9.
« Il dispose *absolument* de toutes ses troupes. »
La Br. *Car.* ch. X.
« Il s'imaginoit gouverner *absolument* après la mort » de Philoclès. » Fénél. *Tél.* XIII.
« La gloire de gouverner la France presque *absolu-* » *ment*, ne lui suffisoit point. » Fonten. III, 97.
« Je le promets de mon côté, je l'exige du vôtre, et je » l'exige *absolument.* » Marm. *C.* VI, 120.

3. En général; indépendamment de tout rapport et de toute relation; *irrelativement* :

« Il est même possible, *absolument* parlant, qu'Eusèbe, » qui témoigne le contraire, ait voulu mentir pour favo- » riser les ariens. » *Logiq. P. R.* 407.
« Il est vrai qu'*absolument* parlant, il valoit mieux » en exclure tout-à-fait les démons. » Font. II, 273.
« L'animal croissant, encore *absolument* foible, devient » fort par relation. » J. J. Rouss. *Em.* III, t. II, p. 5.

— En ce sens, *absolument* est un terme de grammaire, et signifie sans régime, sans aucun rapport grammatical avec d'autres mots :

« Auparavant, est un adverbe qui se met *absolument* et » non devant les noms. » Bouh. *Dout.* 155.

ABSOLUTION, s. f. (Rac. *absolutio.*)

1. Action d'*absoudre* juridiquement un accusé :

« Les juges balancèrent entre *l'absolution* et la con- » damnation. » *Acad.*

2. Action d'*absoudre* le pécheur au tribunal de la pénitence :

« Il est mort un moment après avoir reçu *l'absolution.* » Donner, refuser, différer *l'absolution. Absolution sa-* » *cramentelle.* » *Acad.*
« Croyez-vous qu'il soit permis de donner *l'absolution* » indifféremment à tous ceux qui la demandent ? »
Pasc. *Prov.* X.
« Lorsqu'on voit Renaud, au sortir de ce palais, aller » à confesse, on voit Pierre l'Hermite, son confesseur, lui » donner *l'absolution* de tous les péchés qu'il a commis. »
L. Rac. II, 147.
« Clément VIII défend de donner *l'absolution* par » lettres. » Boss. *H. Un. Cont.* II, 165.

ABSOLUTOIRE, adj. des deux genres; qui porte *absolution*. Bref *absolutoire.* *Acad.*

ABSORBANT, TE, adj. verb. (Rac. *absorbens.*) Qui *absorbe* :

1. Se dit des substances qui *absorbent* les acides en s'y unissant, des terres sèches qui *absorbent* la pluie, etc. « Des terres *absorbantes.* » *Acad.*

2. (Anat.) Qui absorbe, qui pompe, qui attire :

« Lorsque l'humeur prolifique rentre dans la circulation » du sang par le moyen des vaisseaux *absorbants.* »
Arn. I, 301.

Absorbant, s. m. C'est l'adjectif au masculin, pris substantivement par l'ellipse du mot *remède* :

« On a beau couper le lait de mille manières, user de » mille *absorbants*, quiconque mange du lait, digère du » fromage. » J. J. Rouss. *Em.* I, t. I, 55.
« Il y a des tempéraments auxquels le lait ne convient » point, et alors nul *absorbant* ne le leur rend suppor- » table; les autres le supportent sans *absorbants.* » *Ibid.*

Absorbé, ée.

1. Part. d'*absorber.*

2. Adj. Extrêmement distrait; parfaitement préoccupé :

« Il marche lentement et d'un air *absorbé.* »
Beaum. *Amis*, IV, 9.

ABSORBER, v. a. (Rac. *absorbere ;* de *sorbere*, avaler.) Engloutir :

« Le Rhin, à la fin de son cours, se perd dans des sables » qui l'*absorbent* » *Dict. Acad.*
« Elles retombent dans le soleil qui les *absorbe* de nou- » veau. » Fonten. *Mond.* II, 21.
« L'Euripe, si fameux par la mort d'Aristote, *absorbe* » et rejette alternativement les eaux. » Buff. *M.* III, 114.

Fig. Consommer, détruire; dépenser :

« Les procès ont *absorbé* tout son bien. Les frais du » scellé *ont absorbé* la meilleure partie de la succession. »
Acad.
« Et dans une poursuite à vous-même funeste,
» Vous en voulez encore *absorber* tout le reste. »
Rac. *Plaid.* vers supprimés.
« Il n'est rien que le temps n'*absorbe* et ne dévore. »
J. B. Rouss. IV, *O.* 2.
« Vous n'auriez pu avoir équipage, les habits et la nour- » riture auroient tout *absorbé.* » Rac. VII, 480.
« Les prétentions de Damis. . . . *absorberoient* la suc- » cession. » Dufr. *Jaloux*, I, 1.
« Paris *absorbe* et les biens et les hommes. »
Marm. *C.* III, 177.

Par ext. on dit :

1.) Qu'une étude, qu'une affaire, qu'une passion *absorbe* quelqu'un, c'est-à-dire, l'occupe entièrement, s'est emparée de toutes ses facultés :

« Il est *absorbé* dans l'étude des mathématiques. » *Acad.*
« Comptez que cette étude, en m'*absorbant* pour quel- » que temps, n'a point pourtant desséché mon cœur. »
Volt. LXIX, 94.
« *Absorbé* tout entier *par* la musique, je me trouvai » hors d'état de penser à autre chose. « J. J. R. *C.* V, 21.
« *Absorbé* tout entier *dans* ses méditations, . . . il né- » gligeoit les petits soins. » Marm. *Mém.* VI.

— On dit d'un homme qui est dans une méditation continuelle des choses de Dieu, qu'*il est tout absorbé* en Dieu. *Acad.*

2.) Qu'une chose en *absorbe* une autre, c'est-à-dire, la détruit, l'anéantit, ne la laisse plus apercevoir, l'efface complétement :

« Il faut convenir qu'en regardant superficiellement ces » deux princes, le premier coup d'œil est pour Alexandre, » et que la gloire du fils *absorbe* celle du père. »
Tourr. II, 65.
« Le règne de Mlle. Choin avoit depuis *absorbé* tout » ce qui étoit resté à sa maitresse. » St.-Sim. *Mém.* IV, 31.
« Ils vivent dans une vicissitude éternelle d'occupations » et d'affaires, qui *absorbe* toute leur vie. » Massill.
« Quand on aime bien, on ne pense qu'à son amour; il » *absorbe* toute autre considération. » Mariv. VII, 104.
« Un goût différent et trop contraire à celui-là croissoit » par degrés, et bientôt *absorba* tous les autres. »
J. J. R. *C.* V, 12.

— Se dit aussi des couleurs, des sons, des odeurs, des saveurs :

« Le noir *absorbe* la lumière. Une voix foible et délicat

» est *absorbée* dans un grand chœur de musique. L'odeur » de la tubéreuse *absorbe* l'odeur de la plupart des fleurs. » Le goût de l'ail *absorbe* le goût de toutes les autres » choses. » *Dict. Acad.*

— On dit encore *absorber* l'attention, l'intérêt, pour s'emparer de toute l'attention, de tout l'intérêt :

« Cet orateur avoit tellement *absorbé* l'attention. . . . » Cette scène *absorbe* tout l'intérêt de la pièce. » *Acad.*

S'ABSORBER, v. p. se dit des choses et des personnes :

« Les pluies *s'absorbent dans* les sables. » *Acad.*

« Pythagore vouloit qu'on les éloignât (les canards) de » l'habitation où son sage devoit *s'absorber dans* la médi» tation. » Buff. *O.* XVII, 285.

ABSORPTION, Action d'*absorber*. (Technique et peu usité.)

ABSOUDRE, v. a. (Rac. *absolvere*, délier, dégager.) Irrégulier et défectueux. — Se conjugue ainsi à ses principaux temps : J'*absous*, tu *absous*, il *absout*, nous *absolvons*, vous *absolvez*, ils *absolvent*. J'*absolvois*, etc. J'ai *absous*, etc. J'*absoudrai*, etc. J'*absoudrois*, etc. Qu'il *absolve*. *Absous*, *absoute*, *absolvant* :

« Il y a eu cinq voix pour condamner l'accusé, et sept » pour l'*absoudre*. Il s'est fait *absoudre du* crime dont on » l'accusoit. Elle fut *absoute*. En *absolvant* cet homme, » on n'a pas fait ce qu'on devoit. » *Dict. Acad.*

1. Déclarer juridiquement innocent un homme accusé ; avec ou sans régime indirect :

« J'*absous* cette coupable. — Et moi je la condamne. »
Volt. *Guèbr.* I, 4.

« En vain César trompé *l'en absout* aujourd'hui. » *Id.*

« Malgré la brigue de ses ennemis, il fut renvoyé *ab*» *sous*. » Vert. *R. Rom.* II, 300.

« Gingé, sa principale confidente, ayant subi un juge» ment, fut renvoyée *absoute*. »
Gédoyn, *Acad.* XIV, 277.

« Les juges ne se communiquoient point, chacun don» noit son avis d'une de ces trois manières : *j'absous ; je* » condamne ; il ne me paroit pas. » Mont. *E.* VI, ch. 3.

« La loi romaine *absolvoit* dans le cas où la grecque » condamnoit, et condamnoit dans le cas où l'autre *absol*» *voit*. » *Ibid.* XXIX, ch. 9.

2. Remettre les péchés au pénitent qui se confesse ; lui en donner l'*absolution* :

« . . . . Dites-moi donc : quand nous sommes *absous*,
» Le Saint-Esprit est-il ou n'est-il pas en nous ? »
Boil. *Ep.* XII.

« Il faut pour être *absous* d'un crime confessé,
» Avoir pour Dieu du moins un amour commencé. » *Ib.*

« Il y a une brigue entre les prêtres pour la confesser ; » tous veulent l'*absoudre*. » La Bruy. *Car.* ch. VI.

3. Pardonner :

« Je vous *absous de* votre négligence en faveur de votre » repentir. Rien ne pourra le faire *absoudre d'*une si grande » faute. » *Dict. Acad.*

« C'est à vous seuls de l'*en absoudre*,
» Trônes ébranlés par la foudre. » J. B. R. *Od.*

« Toi-même aujourd'hui tu condamnes
» Ce que notre malice *absout*. » La Mott. I, 503.

« Jésus appelle à lui la foible Samaritaine ; il pardonne à » la femme adultère ; il *absout* la pécheresse qui baigne » ses pieds de larmes. » B. St. P. *Et.* III, 419.

Rem. Le passage cité de La Motte n'est pas correct : *absoudre* ne se dit guère que des personnes, ou des choses que la poésie anime et personnifie.

☞ 4. S'emploie absolument, comme on l'a vu dans les exemples cités plus haut de Montesquieu, et dans cet autre du même auteur :

« Les lois qui *absolvent* et qui punissent sans aimer ni » haïr. » *Œ. M.* II, 91.

☞ 5. Avec le pron. personnel :

« Jamais un criminel ne *s'absout de* son crime. »
L. Rac.

ABSOUS, TE, part. d'*absoudre*. Quelques-uns écrivent ce participe avec un *t*, *absout*, ce qui le rend plus analogue au féminin, que l'on écrit *absoute*. Mais l'usage est contraire à cette orthographe, aussi bien que les exemples rapportés plus haut.

ABSOUTE, s. f. Absolution. (Ce mot ne s'emploie proprement que pour l'absolution publique et solennelle qui se donne au peuple le jeudi saint qu'on appelle, d'après cette cérémonie, le jeudi de l'*absoute*) :

« L'évêque a fait la cérémonie de l'*absoute*. » *Acad.*

« Dans un village, au jeudi de l'*absoute*,
» Certain pasteur dit au peuple amassé. »
J. B. Rouss. IV, *Epigr.* 44.

☞ Il est aussi employé en style négligé et burlesque :

« Chacun demandera l'*absoute*. » Fonten. X, 476.

ABSTÈME, adj. m. et f. (Rac. *abstemius*, de *abs* privatif, et de *tementum*, vin.) Qui s'abstient du vin :

« L'Église dispensoit du calice les *abstèmes*. » *Acad.*

« Nous serions tous *abstèmes*, si l'on ne nous eût » donné du vin dans nos jeunes ans. »
J. J. Rouss. *Em.* II, T. I, 250.

S'ABSTENIR, v. pron. et irrégulier. (Rac. *abstinere*, tenir éloigné de soi) :

1. Se priver de l'usage d'une chose, se la refuser :

« Cet autre qui, pour conserver une taille fine, *s'abs*» *tient de* vin. » La Br. *Car.* ch. II.

« Si content du sien on eût pu *s'abstenir du* bien de ses » voisins. » Id. *ibid.* ch. X.

« Il tomba malade et se fit mourir volontairement, en » *s'abstenant* de toute nourriture. »
Fleury, *H. Eccl.* IV, § 19.

« De toutes les joies et les voluptés humaines, hélas ! » il n'en reste pas plus, au lit de la mort, au pécheur qui » les a toujours goûtées, qu'au juste qui s'en *est* toujours » *abstenu*. » Mass. *Av.* 88.

« Ces assiduités marquées dont vous croyez qu'il se dis» pense, j'ai dans l'idée qu'il *s'en abstient*. »
Marm. *C.* IV, 54.

« Il *s'abstint des* honneurs par l'ambition des richesses. » Dider. *Sénèq.* I, 19.

2. S'empêcher de faire une chose :

« Quand on a pris l'habitude de faire une chose, il est » bien malaisé de *s'en abstenir*. *S'abstenir* de jurer. »
Dict. Acad.

« Il voulut qu'en lisant Leibnitz,
» *De* plus rimailler je *m'abstinsse*. »
Volt. XIII, 134.

« Je *m'abstiens* même *de* lire. » Sacy, *Plin.* VII, 21.

« C'est une question sur laquelle *nous nous abstiendrons* » *de* prononcer. » D'Alemb. *El.* I, 48.

« Si *je m'abstenois de* mériter la correction. »
J. J. Rouss. *C.* I.

— On le dit quelquefois absolument : il est plus aisé de *s'abstenir* que de se contenir. *Acad.*

« Souvent on voudroit *s'abstenir* et l'on mange contre » sa conscience. » Massill. *Av.* 19.

ABSTERGENT, s. m. (Rac. *abstergere*, essuyer) terme de médecine. Se dit des remèdes qu'on emploie pour dissoudre les duretés, l'épaississement. *Dict. Acad.*

ABSTERGER, v. a. (Terme de chirurgie.) Nettoyer ; se dit des plaies, des ulcères. *Acad.*

ABSTERSIF, IVE, adj. Propre à nettoyer. S'emploie aussi substantivement. Mais, dans ce cas, il est plus ordinaire de dire, *abstergent*. *Acad.*

ABSTERSION, s. f. Action d'*absterger*. (Tous ces mots sont techniques, et ne se trouvent guère que dans les écrits qui ont rapport à la science médicale.)

ABSTINENCE, s. f.

1. Action de *s'abstenir* ; s'emploie avec la préposition *de* :

« . . . . La vertu que j'encense
» N'est pas *des* voluptés la sévère *abstinence*. »
Volt. XIII, 219.

« . . . . *Du* vin l'on doit surtout faire *abstinence*. »
Regn. *Démocr.* 1, 2.

« M. de Saint-Cyran avoit écrit un peu librement sur » l'*abstinence de* la viande pendant le carême. »
Rac. VI, 294.

« Quelle *abstinence de* paroles ! »
Mariv. *Merc. Conf.* II, 9.

« L'*abstinence* entière *de* la chair ne peut qu'affoiblir » la nature. » Buff. *Q.* II, 167.

« Cet état idéal d'innocence, de haute tempérance, » d'*abstinence* entière *de* la chair, de tranquillité par» faite, de paix profonde, a-t-il jamais existé ? » *Ibid.* 154.

2. Sans régime : tempérance dans l'usage des plaisirs de la table :

« L'*abstinence* est utile au corps et à l'âme. On lui fai» soit faire *abstinence*. » *Acad.*

« Le seul chanoine Evrard, d'*abstinence* incapable,
» Ose encor proposer qu'on apporte la table. » Boil. *L.* IV.

« . . . . Par ma foi, la science
« Ne s'acquiert point du tout à force d'*abstinence*. »
Regn. *Dém.* IV, 7.

« Leur *abstinence* ridicule, qui alloit jusqu'à faire un » crime de manger les animaux. » Boss. *H. Univ.*

« Il choisit deux ou trois jours dans l'année, où à pro» pos de rien, il jeûne ou fait *abstinence*. »
La Br. *Car.* ch. XIII.

« Ce caractère... qui... a fait que l'*abstinence* et la » jouissance, le plaisir et la sagesse m'ont également » échappé. » J. J. Rouss. *C.* I.

☞ 3. Sans régime : Privation des plaisirs de l'amour :

« Elle n'honora jamais du nom de vertu une *abstinence* » qui lui coûtoit si peu. » J. J. Rouss. *C.* V, t. II, 37.

« Les plaisirs le sollicitoient ; mais la nature lui pres» crivoit une *abstinence* humiliante. » Marm. *Mém.* IV.

☞ 4. Absol. : Privation totale et volontaire d'aliments :

« Silius Italicus a fini ses jours par une *abstinence* vo» lontaire. » Sacy, *Plin.* III, 7.

5. Absol. : Privation de l'usage de la viande, prescrite par l'Église à certains jours :

« Un dévot, aux yeux creux et *d'abstinence* blême,
» S'il n'a point le cœur juste, est affreux devant Dieu. »
Boil. *S.* XI.

☞ En ce sens, s'emploie aussi au pluriel :

« Exténué de jeûnes et *d'abstinences*. » Fléch.

« Les *abstinences*, dont l'Eglise nous fait une loi presque » toujours violée. » Massil. *Dict. de Planche.*

— On appelle *jours d'abstinence* les jours où la viande est défendue par l'Église :

« Il n'est pas jeûne aujourd'hui, il n'est que *jour* » *d'abstinence*. » *Dict. Acad.*

« . . . . Ciel ! un *jour d'abstinence*
» Prendre du chocolat sans ma permission. »
Demoust. *Femm. préf.*

(Cela n'est pas exact. Rien n'empêche de déjeuner avec du chocolat un *jour d'abstinence*. L'auteur a confondu *jour d'abstinence* et *jour de jeûne*.)

« Pour cet argent, les peuples obtiennent . . . le droit » d'user, dans les *jours d'abstinence*, de quelques nour» ritures prohibées. » Rayn. IV, 365.

ABSTINENT, TE, adj. (Rac. *abstinens*.) Qui observe l'*abstinence*, la tempérance dans le boire et le manger :

« Il devint si *abstinent* qu'il jeûnoit très-souvent et » mangeoit fort peu. » Fléch. *Théod.* IV, 34.

ABSTRACTION, s. f. (Rac. *abstractio*, d'*abstrahere*, séparer de.)

1. Action d'isoler métaphysiquement, par la force de la pensée, des choses naturellement inséparables ; de ne point considérer simultanément les unes et les autres :

« Considérer les accidents, en faisant *abstraction des* » sujets auxquels ils sont attachés. La blancheur consi» dérée par *abstraction* d'avec son sujet. » *Dict. Acad.*

« Pour les *abstractions* j'aime le platonisme. »
Mol. *Fem. Sav.* III, 2.

« Synonymes de la pensée,
» Symboles de l'*abstraction*. » J. B. R.

« Faites pour un moment *abstraction* des vérités révé» lées. » Mont. *Espr.* XXIV, ch. 10.

« Il sait peu généraliser d'idées, peu faire *d'abstrac*» *tions*. » J. J. Rouss. *Em.* III, t. II, 97.

« C'est donc par une seule *abstraction* de l'esprit que » le géomètre envisage les lignes comme sans largeur, » et les surfaces comme sans profondeur. »
d'Alemb. *Mél.* IV, 158.

« L'idée dont on s'occupe par *abstraction* est tirée, » pour ainsi dire, des autres idées qui ont rapport à celle» là ; elle en est comme séparée, et c'est pour cela qu'on » l'appelle idée abstraite. » Dumars. *Trop.* 328.

« En faisant *abstraction* de ses livres, on l'aimoit lui » (Helvétius) tel qu'il étoit. » Marm. *Mém.* VI.

☞ 2. Résultat de l'opération de l'esprit par laquelle on a isolé métaphysiquement différentes choses, pour les considérer à part et chacune en elle même ; idées *abstraites* :

« Il n'y a point de science plus certaine ni plus claire » que la géométrie . . . . On y a cependant mêlé cer» taines *abstractions* métaphysiques, qui font que les géo» mètres tombent dans l'erreur comme les autres. »
Gir. *Syn.* I, 85.

« Une page éloquente de Bossuet sur la morale est plus

» utile et plus difficile à écrire qu'un volume d'*abstractions* » philosophiques. » Chat. *Gén.* III, 47.

— On dit qu'un homme est dans dès *abstractions* continuelles, pour dire qu'il rêve continuellement, qu'il est appliqué à toute autre chose qu'à celle dont on parle ou qu'il a sous les yeux. *Dict. Acad.*

☞ 3. Défaut d'attention, distraction causée par la tension de l'esprit, occupé d'idées *abstraites* ou de fortes spéculations :

« Les personnes qui font de profondes études et celles » qui ont de grandes affaires ou de fortes passions, sont » plus sujettes que les autres à avoir des *abstractions.* » Gir. *Syn.* I, 87.

ABSTRACTIVEMENT. adv. Par *abstraction*, indépendamment de :

☞ 1. S'emploie avec la préposition *de :*

« Cette épreuve faite a donné à mes sentiments la forme » invariable qu'ils ont toujours observée *abstractivement* » *de* toute réflexion. » J. B. R. *Lettr.* I, 177.

2. Et absolument :

« *Abstractivement* parlant, un reproche général peut » être bien fondé contre telle manière d'exister d'un corps, » sans qu'on entende en faire d'application personnelle » à aucun de ses membres actuels » Beaum. III, 56.

« Dites au musicien de peindre la lumière *abstractivement*, il confessera l'impuissance de son art. » Chab. *de la Mus.* 61.

« On peut considérer *abstractivement* les qualités des » corps. » *Dict. Acad.*

ABSTRAIRE. verb. act. et irrégulier, qui se conjugue comme *traire ;* faire une *abstraction*, ne considérer qu'un attribut ou une propriété de quelque être, sans faire attention aux autres attributs ou qualités : (peu usité.)

« Pour connoître l'accident comme accident, il faut » l'*abstraire* du sujet de la substance. » *Dict. Acad.*

ABSTRAIT, TE. adj. (Voy. Dumars. *Trop* 331.) 1. Séparé de toutes ou de quelques circonstances accessoires; isolé de tous ou de quelques-uns de ses rapports; considéré généralement et métaphysiquement; (métaphysique). — L'*Acad.* observe qu'il n'est guère d'usage que dans cette phrase, *terme abstrait*, qui se dit d'une qualité considérée toute seule et détachée du sujet. Les exemples suivants feront voir que cette acception est beaucoup trop restreinte :

« Tout sentiment *abstrait*, *alambiqué.* » J. B. R. *Epît.* 1.

« Il faut donc généraliser nos vues, et considérer dans » notre élève l'homme *abstrait.* » J. J. R. *Em.* I, 20.

« Il connoît l'étendue *abstraite* à l'aide des figures de » la géométrie; il connoît la quantité *abstraite*, à l'aide » des signes de l'algèbre. » *Ib.* III, 97.

« Nous entendons ici par idee *abstraite* toute idée par » laquelle nous considérons dans un même objet une ou » quelques-unes seulement de ses propriétés, sans faire » attention aux autres. » d'Alemb. *M.* V, 11.

2. Trop métaphysique; trop subtil :

« Ce discours, quoiqu'*abstrait*, me paroît assez bon. » Regn. *Dém.* IV, 7.

« Dans ce langage (celui de la conversation), on entend ordinairement par le mot *abstrait* ce qui demande de la part de l'esprit une forte application. » d'Al. *Mél.* V, 10.

— On dit qu'*Un discours est abstrait*, quand il est trop métaphysique, trop éloigné des idées communes. *Dict. Acad.*

3. Préoccupé, distrait par l'effet de la méditation et de la rêverie : ce qui n'est point le caractère du distrait proprement dit, où il entre de l'étourderie, de la légèreté, de l'inattention.

Se dit des personnes :

« On est *abstrait* pour être trop appliqué à une chose. » On est distrait par légèreté. » *Dict. Acad.*

« On est *abstrait*, lorsqu'on ne pense à aucun objet » présent, ni à rien de ce qu'on dit . . . . Un homme » *abstrait* n'a point l'esprit où il est . . . Les gens *abstraits* se soucient peu de la conversation ; les distraits » en perdent le fruit . . . Une nouvelle passion, si elle » est forte, ne manque guère de nous rendre *abstraits.* » Gir. *Syn.* I, 87.

« On dit aussi d'un homme qu'il est *abstrait*, quand il » ne s'occupe que de ce qu'il a dans l'esprit, sans se prêter » à ce que l'on dit. » Dumars. *Trop.* 331.

« Phédon est *abstrait*, rêveur, et il a, avec de l'esprit, » l'air d'un stupide. » La Bruy. *Car.* ch. VI.

« Il n'exerce que sa mémoire; il est *abstrait*, dédaigneux. » Id. *ibid.* Ch. 1.

— Dans l'usage ordinaire, le mot *distrait* semble prévaloir aujourd'hui; mais l'exemple suivant du même auteur offre une acception qui paroît plus usitée :

« Un esprit *abstrait* qui nous jette loin du sujet de la » conversation. » La Br. *Car.* ch. V.

ABSTRAIT. s. m. (C'est l'adjectif pris substantivement : il faut sous-entendre le mot *sens.*) Idée considérée généralement, indépendamment de la forme :

« . . . . . Tous ces docteurs célèbres » Qui, le dilemme en main, prétendent de l'*abstrait* » Catégoriquement diviser le concret. » L. Rac. *Rel.* V.

« Je lui apprendrai, dit le docteur, . . . ce que c'est » que la substance et l'accident, l'*abstrait* et le concret. » Volt. LVI, 34.

✱ ABSTRAITEMENT. adv. D'une manière *abstraite :*

« Aimeroit-on la substance de l'âme d'une personne » *abstraitement*, et quelques qualités qui y fussent? » Pasc. *Pens.* 1, art. 8.

(Ne se trouve que dans Pascal.)

ABSTRUS, USE. adj (Rac. *abstrusus*, caché.) Profond; abstrait : Sciences *abstruses*, raisonnements *abstrus*, question *abstruse*. *Dict. Acad.*

« Il pénétroit déjà dans la géométrie la plus *abstruse.* » Fonten. V, 101.

— Il ne se dit qu'en parlant des sciences et des choses qui exigent de la méditation. *Acad.*

ABSURDE. adj. (Rac. *absurdus.*)

1. Déraisonnable, sot, contraire au bon sens, au sens commun ; se dit des choses :

« Une merveille *absurde* est pour moi sans appas. » Boil. *A. P.* III.

« Débiter la fable du monde la plus *absurde.* » Id. *Œ.* II, 3.

« Cette tentative fut regardée à Londres comme *absurde.* » Volt. XXV, 254.

« L'impossibilité d'admettre tant de décisions *absurdes* » me détachoit de celles qui ne l'étoient pas. » J. J. R. *Em.* IV, 218.

☞ Cet adjectif se construit aussi avec la préposition *à :*

« Il mentoit à son cœur, en voulant expliquer » Ce dogme *absurde à* croire, *absurde à* pratiquer. Volt.

2. Se dit aussi des personnes, de l'avis de l'*Acad.*, et contre le sentiment de Féraud, pour déraisonnable, sot, qui n'a ni sens ni raison, qui ne dit que des *absurdités :*

« Un raisonneur *absurde.* Il n'y a pas d'homme plus *absurde* au monde. » *Dict. Acad.*

— On dit encore familièrement, en parlant des personnes, *un homme absurde*, pour signifier un homme qui dit habituellement des *absurdités. Ibid.*

ABSURDE. s. m. Absurdité; ce qui est *absurde*, sot, déraisonnable :

« Le puéril ne doit pas être cité, et l'*absurde* ne peut » être cru. » Volt. XXXV, 24.

« Les écrivains de son temps avoient poussé l'invraisemblance jusqu'à l'*absurde.* » Ste.-Cr. *Exam.* 28.

— *Réduire à l'absurde*, *pousser jusqu'à l'absurde :* c'est-à-dire, réduire, dans la discussion, l'adversaire à un raisonnement absurde, à une conclusion absurde. Dacier, sur *Horace*, T. VI, p. 491, a dit de Socrate, qu'il

« Ne manque jamais de *jeter* ses adversaires *dans un absurde* qu'ils ne sentent que quand ils ne sauroient plus » s'en relever. »

Cette locution, *jeter dans un absurde*, est inusitée.

« Cette raison est invincible et *réduit à l'absurde* celui » à qui elle s'adresse. » Dac. *Hor.* VI, 591.

ABSURDEMENT. adv. D'une manière *absurde :*

« Parler, raisonner *absurdement.* » *Dict. Acad.*

ABSURDITÉ. s. f. Défaut d'une chose absurde ; proposition absurde; sottise; bêtise :

« Ceux qui ont dit qu'une fatalité aveugle a produit tous les effets que nous voyons dans le monde, ont » dit une grande *absurdité*. Car quelle plus grande *absurdité* qu'une fatalité aveugle qui auroit produit des êtres » intelligents? » Mont. *Espr.* I, ch. 1.

« Voyez, mon fils, à quelle *absurdité* mènent l'orgueil » et l'intolérance. » J. J. R. *Em.* IV, 300.

« S'il est faux (le principe), on aboutit nécessairement » à une *absurdité.* » Dider. VI, 343.

« J'ai dit assez d'*absurdités* dans ma vie, pour m'y con» noître. » Id. VIII, 103.

— On dit familièrement, en parlant des personnes : Cet homme est d'une *absurdité* rare. *Acad.*

ABUS. s. m.

1. Mauvais usage, mauvais emploi d'une chose; s'emploie avec un régime :

« Mais qui peut arrêter l'*abus de* la victoire? » Volt.

« La violence et l'*abus* qu'il a fait *de* ses pouvoirs. » La Br. *Car.* Ch. V.

« L'*abus dans* la vénération des reliques dégénère en » superstition. » Fleur. *Disc.* 89.

« Le despotisme est l'*abus de* la royauté, comme l'anar» chie est l'*abus de* la république. » Volt XXXIV, 35.

« Il y a dans son plan *abus de* philosophie, et, dans » son style, *abus de* rhétorique. » La H. *Corr.* IV, 195.

« Il (l'éléphant) est d'un naturel doux, et jamais il ne » fait *abus de* ses armes ou *de* sa force. » Buff. *Q.* IV, 88.

2. Ce qui est contraire aux bons usages, aux lois; mauvais usage; coutume pernicieuse; s'emploie absolument :

« Pourquoi donc voulez-vous que, par un sot *abus*, » Chacun respecte en vous un honneur qui n'est plus? » Boil. *S. V.*

« On verra les *abus* par ta main réformés. » Id. *Ep.* I.

« De mille députés l'éloquence stérile » Y fit de nos *abus* un détail inutile. » Volt. *Henr.* I.

« Tenir les *abus* nécessaires dans les bornes précises de » la nécessité qu'ils sont toujours près de franchir. » Fonten. *El.* V, 17.

« Arsace aimoit si fort à conserver les lois et les an» ciennes coutumes des Bactriens, qu'il trembloit toujours » au mot de la réformation des *abus*, parce qu'il avoit » remarqué que chacun appeloit loi ce qui étoit conforme » à ses vues, et appeloit *abus* ce qui choquoit ses intérêts. » Mont. *Œ. M.* 1, 62.

« Permettez de violer la règle, lorsque la règle est de» venue un *abus;* souffrez l'*abus*, lorsqu'il rentre dans » la règle. » Id. *Espr.* XXV, ch. 5.

« Les *abus* servent de lois dans presque toute la terre. » Volt. XXIV, 264.

« Babouc conclut qu'il y avoit souvent de très-bonnes » choses dans les *abus.* » Id. LVI, 149.

3. Erreur :

« Voilà un étrange *abus.* Ces peuples-là sont dans l'*abus.* » C'est un *abus* de croire que... » *Acad.*

« Alléguer l'impossible aux rois, c'est un *abus.* » Laf. VIII. *F.* 3.

« Quel *abus !* nous faisons tous les jours alliance » Avec tout ce qu'on voit de femmes dans la France. » Regn. *Distr.* III, 2.

« Quel *abus*, de se bannir de ces assemblées saintes ! » Massil.

4. En termes de jurisprudence, on appelle *abus* le mauvais usage qu'un tribunal fait de son autorité, en excédant ses pouvoirs. (Voy. Furet. et Voltaire, au mot *abus* du *Dict. Philos.*)

« Elles signèrent ensuite une procuration pour obtenir » en leur nom un relief d'appel comme d'*abus.* » Rac. VI, 270.

« Elles se crurent obligées.... d'appeler comme d'*abus* de » toute la procédure de leur archevêque. » *Id.* 269.

« On appela toujours des sentences des officiaux au par» lement; et peu à peu cette procédure fut appelée appel » comme d'*abus.* » Volt. XLVII, 86.

ABUSÉ, ÉE. 1. part. d'*abuser.*

☞ 2. adj. Trompé; jeté dans l'erreur; qui se fait illusion, qui se trompe :

« Ce héros n'attend pas qu'une amante *abusée.* » Rac. *Phèd.* I, 1.

« Vain espoir d'une âme *abusée.* » Chaul. 283.

« Imagine-toi la meilleure et la plus *abusée* des mères. » J. J. R. *Hél.* I, L. 63.

ABUSER. v. a., n. et pronom. (Rac. *abuti*, mal user.)

1. Tromper, faire *mauvais usage*, faire *abus* de la confiance, de la bonne foi, de la simplicité de quelqu'un; se dit des personnes et des choses.

1.) Des personnes :

« J'ai vu ce qui t'*abuse* et me fait mépriser, « Et t'aime encore assez pour te désabuser. » Corn. *Hér.* I, 2.

« Tu ne remportois pas une grande victoire, » Perfide, en *abusant* ce cœur préoccupé. » Rac. *Baj.* IV, 5.

« Je vous *abuserois*, si j'osois vous promettre,
» Seigneur, qu'entre vos mains il voulût la remettre. »
Id. *And.* I, 1.

« Aussitôt il vous quitte, et, content de sa ruse,
» S'en va chercher ailleurs quelque fat qu'il *abuse.* »
Boil. *A. P.* I.

« Quittez ces vains plaisirs, dont l'appât vous *abuse.* »
Id. *S. IX.*

« Je respecte César; mais souvent on l'*abuse.* »
Volt. *Guèbres*, V, 3.

« Je me sens assez grand pour ne pas t'*abuser.* »
Id. *Mah.* II, 5.

« Nous étions bien *abusés*; je ne suis détrompé que » d'hier. » Pasc. *Prov.* I.

« Notre imagination nous *abuse* encore. »
Boss. *Or. d'Orl.* 65.

☞ 2. Avec un régime indirect, marqué par les prépositions *de* ou *par* :

« Et que d'un faux hymen *nous abusant* tous deux. »
Rac. *Iphig.* IV, 6.

« On ne *m'abuse* point *par* des promesses vaines. »
Ibid.

« *Par* de feintes raisons je m'en vais *l'abuser.* »
Ibid. IV, 10.

3.) Des choses :

« Ce seroit mal répondre à vos soins généreux
» Que *d'abuser* encor votre amour malheureux. »
Créb. *Rhad.* IV, 3.

— On trouve dans l'*Acad. : abuser les esprits foibles.* Voltaire a dit *abuser les regards :*

« Par ses déguisements à toute heure elle *abuse*
» Les regards éblouis de l'Europe confuse. »
Henr. II.

4. Séduire; déshonorer, en parlant des femmes :

« Il a *abusé* cette pauvre fille sous promesse de mariage. » *Acad.*

« Ce héros n'attend pas qu'une amante *abusée.* »
Rac. *Phèd.* I, 1.

« Demoiselle Ignorance étoit grosse d'enfant,
» Demandez-moi qui l'avoit *abusée* ·
» Je n'en sais rien. » La Mott. IV, *Fab.* 3.

« Vous l'avez *abusée*, ... et sans vous elle auroit » encore son innocence. » Marm. *Mém.* IV.

Abuser de. v. n.

1. Faire *abus* d'une chose; en faire mauvais usage;

« Il *abuse de* son loisir, *de* son temps, *de* son crédit, » *de* son autorité. Vous *abusez de* ma patience. » *Acad.*

« Vous *abusez*, Créon, *de* l'état où nous sommes. »
Rac. *Th.* I, 5.

« C'est en vain que le chantre, *abusant d'*un faux titre,
» Deux fois l'en fit ôter par les mains du chapitre. »
Boil. *L.* I.

« Inhabile aux plaisirs *dont* la jeunesse *abuse.* »
Id. *A. P.* III.

« Elle *abusa* long-temps *de* son autorité. »
Volt. *Tancr.* I, 4.

« La fortune a son prix, l'imprudent *en abuse*,
» L'hypocrite en médit, et l'honnête homme en use. »
Del. *Im.* VI.

« Ces hommes qui avoient *abusé de* la vertu même. »
Fénél. *Tel.* XVIII.

« St. Augustin voulut abolir les agapes, *dont* on » *abusoit.* » Fleur. *Disc.* II, 16.

« Il semble que toute superstition ait une chose naturelle » pour principe, et que bien des erreurs soient nées d'une » vérité *dont* on *abuse.* » Volt. XVI, 276.

« Il *abuse* également et des animaux et des hommes. »
Buff. *Œ.* VIII, 51.

« Les hommes ont *abusé de* tout; *des* végétaux, pour » en former des poisons. » Thom. I, 102.

☞ 2. Faire *abus* d'une chose; en faire un usage excessif; en user trop, sans discrétion, sans réserve;

« *J'abuse* trop, seigneur, d'un précieux loisir. »
Corn. *Sert.* I, 3.

« *J'abuse*, cher ami, *de* ton trop d'amitié. »
Rac. *Andr.* III, 1.

« Ce n'est pas quelquefois qu'une muse un peu fine
» Sur un mot en passant ne joue et ne badine,
» Et d'un sens détourné *n'abuse* avec succès. »
Boil. *A. P.* II.

« *J'abuse* excessivement *de* votre complaisance. »
Volt. LXIX, 105.

« *J'abuse* depuis long-temps *de* l'indulgence des lecteurs. » J. J. Rouss. *Em.* V, t. III, 157.

☞ Dans le même sens, on dit *abuser d'une expression*, pour La détourner de sa véritable signification :

« Il *abuse* encore d'un mot,
» Et traite notre rire et nos discours de braire. »
Laf. XI, *F.* 5.

« On pourroit *abuser des* divers sens qui se rencontrent » dans les termes. » Pasc. *Pens.* I, art. 3.

— Dit des personnes, ce verbe a une signification peu décente. *Abuser d'une femme*, c'est la posséder d'une manière *abusive*, illégitime, criminelle :

« C'est une fille *dont* il a long-temps *abusé.* » *Acad.*

« Si quelqu'un *abuse de* la femme d'un autre, et com- » met adultère avec la femme de son prochain. »
Sacy, *Lévit.* XX, 10.

« Pour venger sa fille, *dont* Roderic *abusoit.* »
Boss. *H. Univ.*

« Il y eut même quelques pays où l'on faisoit brûler les » filles *dont* un juif *avoit abusé.* » Volt. XIX, 19.

« Il étoit accusé par la voix publique *d'abuser de* sa » propre fille Lucrèce. » Id. XIX, 67.

« Je vous les amenerai; *abusez d'*elles tout comme il » vous plaira. » Id. XLIII, 49.

☞ Et dans une signification analogue et encore plus odieuse ;

« Quelques-uns d'entre eux ont *abusé de* quelques beaux » garçons. » Volt. LIX, 126.

3. Sans régime :

« Usez, *n'abusez* point. » Volt. XII, 305.

« User, fait le bonheur, *abuser*, le détruit. »
Del. *Im.* VI.

— L'abbé Féraud n'approuve pas cet emploi du verbe *abuser;* mais il ne cite que Moreau et Necker, qui, en effet, ne sont pas de bien grandes autorités. Les exemples de Voltaire et de Delille, prouvent que ce scrupule est poussé trop loin.

S'Abuser. v. pronom. Se tromper, être dans l'erreur :

« Mais tu *t'abuseras*; je sais un sûr moyen
» Pour rompre cet achat où tu pousses si bien. »
Mol. *Ét.* I, 10.

« J'avois promis; mais tu *t'abuses*,
» Si tu comptes sur nos discours. »
Gress. I, 130.

« Le malheur est partout; je m'étois *abusé.* »
« . . . . Ou *je m'abuse*,
» Ou ce monstre odieux règne dans Syracuse. »
Volt. *Tancr.* III, 3.

« Veut-on que tout un public *s'abuse sur* ces sortes de » choses? » Mol. *Crit. de l'Ecol.* 7.

« Les deux principes de vérité, la raison et le sens, » *s'abusent* réciproquement *l'un l'autre.* »
Pasc. *Pens.* I, art. 6.

☞ *S'abuser à, jusqu'à :*

« Il n'est pas possible de *s'abuser à* prendre un homme » pour un ressuscité. » Pascal.

« Nul ne *s'abuse jusqu'à* croire qu'il méritera le bon- » heur des saints. » Mass. *Dict. de Planche.*

ABUSEUR. s. m. Qui *abuse*, qui trompe;

« C'est un grand *abuseur.* » *Dict. Acad.*

Il est familier et peu usité.

ABUSIF, ive. adj.

1. En législation : où il y a *abus* d'autorité. (Voy. *abus*, 4.)

« On fit revivre l'ancienne défense ecclésiastique d'é- » pouser la fille de son parrain . . . . la loi étoit visible- » ment *abusive*, mais on se servoit de tout. »
Volt. XXX, 240.

☞ 2. En littérature et grammaire : Où il y a impropriété, extension vicieuse de signification, altération du véritable sens :

« Ce mot est devenu tellement *abusif* qu'on ne sait » plus ce qu'il signifie. » La H. *Œ.* III, 257.

ABUSIVEMENT. adv. Avec *abus*, par *abus.*

1. Judiciairement; avec abus, d'une manière contraire aux institutions, par un excès d'autorité, par incompétence de tribunal, par mauvaise application des lois :

« Tous les juges d'une voix unanime déclarèrent la fa- » mille innocente, tortionnairement et *abusivement* » jugée par le parlement de Toulouse. »
Volt. XXXVI, 97.

2. Grammaticalement; avec *abus*, impropriété d'expression :

« Je sais qu'il n'y a ni doux ni amer; mais je me sers » de ce qu'on nomme *abusivement* doux et amer. »
Sévign. L. CCCLVIII.

« Le mot de comédie est pris *abusivement* pour toutes » les espèces du dramatique. » Lafont. *Ps.* I, 81.

« Particule est un terme vague, assez *abusivement* em- » ployé dans les grammaires. » Ducl. *sur P. R.* ch. 12.

ABYME. s. m. (Rac. ἄβυσσος, *abyssus.*)

(Quoique, dans la dernière édition de son *Dict.*, l'*Académie* ait rejeté l'*y* de ce mot et de ses dérivés, il est plus correct d'écrire *abyme* que *abîme*, afin de conserver les traces de l'étymologie. On peut ajouter que si l'usage paroît aujourd'hui contraire à cette orthographe, l'exemple des meilleurs écrivains l'autorise. Voltaire lui-même a écrit *abyme*. Sur le genre, voy. Ménage, *Observ.* pag. 135.)

1. Gouffre sans fond; très-profond :

« Mer, tu n'ouvriras pas des *abymes* nouveaux? »
Rac. *Iphig.* V, 5.

« . . . . Et vous ne craignez pas
» Que du fond de l'*abyme* entr'ouvert sous ses pas. »
Id. *Ath.* III, 4.

« Ne me reste-t-il plus d'asile
» Que le vaste *abyme* des mers? » J. B. R. *Cant.* V.

« Tout notre édifice craque, et la terre s'ouvre jusqu'aux » *abymes.* » Pasc. *Pens.* I, art. 4.

« Il est maintenant enseveli dans les *abymes* de la mer. »
Fénél. *Tél.* I.

« Bruit semblable à celui des torrents les plus impé- » tueux, quand ils s'élancent des plus hauts rochers dans » le fond des *abymes.* » Id. *ibid.* XVIII.

« Inutilement la mer laisse sonder ses *abymes* pro- » fonds. » La Br. *Car.* ch. XVI.

« Pascal croyoit... voir un *abyme* à côté de sa chaise. »
Volt. LXIX, 186.

« Prends en pitié les malheureux épars sur cette rive :
» ne te suffit-il pas de leur avoir montré le fond des » *abymes?* » Dider. IX, 409.

— *Fig.* Profondeur infinie.

« Un *abyme* de science. » *Acad.*

« Cet *abyme* de savoir, M. Peyresc. » Naudé, *M.* 139.

« Suspendu (l'homme) entre ces deux *abymes* de l'infini » et du néant, dont il est également éloigné. »
Pasc. *Pens.* I, art. 4.

« Il y a entre telle et telle condition un *abyme* d'inter- » valle. » La Br. *Car.* ch. VI.

« Ses yeux percent jusque dans l'*abyme*, et éclairent » jusque dans les derniers replis des cœurs. » Fénél. *Tél.* IX.

« Ils sont plongés dans cet *abyme* de délices comme les » poissons dans la mer. » Id. *ibid.* XIX.

☞ 2. Absolument : La mer :

« Ames de bronze, humains, celui-là fut sans doute
» Armé de diamant, qui tenta cette route
» Et le premier osa l'*abyme* défier. » Lafont. VII, *F.* 12.

« L'aimant fidèle au pôle, et le timon prudent
» Dirigent ses sillons sur l'*abyme* grondant. »
Del. *Im.* V.

« Fussiez-vous au fond des *abymes*, la main de Jupiter » pourroit vous en tirer. » Fénél. *Tél.* VI.

« La mer sembloit se dérober sous le navire et nous pré- » cipiter dans l'*abyme.* » Id. *ibid.* IV.

« Divisant les eaux de la mer Rouge, pour les faire passer » au milieu des *abymes* où leurs ennemis devoient être » submergés. » Bourd. *Pan.* II, 95.

3. L'Enfer, dans le langage de la Bible ou de la Mythologie ;

« Les anges rebelles ont été précipités dans l'*abyme.* »
Dict. Acad.

« Et tombe enseveli dans l'éternel *abyme.* » L. Rac.

« O mon fils, vous voyez les portes de l'*abyme*,
» Creusé par la justice, habité par le crime. »
Volt. *Henr.* VII.

« Ces malheureux vers de terre, sans assistance, sans » armes, ont à combattre toutes les puissances de l'*abyme.* »
Patru, 43.

« Il s'élèvera autour de vous comme un cri lamentable » des peuples précipités dans l'*abyme.* » Boss.

« Une voix sourde qui sortoit du fond de l'*abyme* pour » l'appeler dans le noir Tartare. » Fénél. *Tél.* XX.

« Ce qui consterna davantage Télémaque, ce fut de voir » dans cet *abyme* de ténèbres et de maux un grand nombre » de rois. » Fénél. *Tél.* XVIII.

☞ 4. Ext. L'*abyme* du temps; parce que le temps est comme un gouffre qui engloutit les événements, où tout tombe, d'où rien ne sort :

« Dans l'*abyme* immense du temps
» Tombent ces recueils importants. »
Bernis, I, 82.

« Les jours, les mois, les années s'enfoncent et se perdent » sans retour dans l'*abyme* des temps. »
La Br. *Car.* ch. XIII.

« Ils trouvoient beau de se perdre dans un *abyme* infini » *de temps* qui les rapprochoit de l'éternité. »
Boss. *H. U.* III.

5. *Fig.* Se dit des affaires, des entreprises, où l'on dépense beaucoup d'argent, où l'argent se perd comme dans un gouffre ;

« Le jeu, les procès, les bâtiments sont des *abymes.* »
Dict. Acad.

« Tout cela lui coûte un argent infini : c'est un *abyme* » il se ruine. » Mariv. IV, 229.

« Le cardinal va trouver le roi à Versailles, alors petite » maison de chasse, achetée par Louis XIII vingt mille » écus, devenue depuis, sous Louis XIV, un des plus » grands palais de l'Europe, et un *abyme* de dépenses. » Volt. XX, 363.

6. Des choses impénétrables à la raison, dont la raison ne peut entrevoir le fond ni l'étendue :

« La divisibilité de la matière à l'infini est un *abyme* » pour l'esprit humain. » *Dict. Acad.*

« De la religion si j'éteins le flambeau,
» Je me creuse à moi-même un *abyme* nouveau. »
L. Rac. *Rel.* I.

« Heureux, disoit Virgile, heureux l'esprit sublime
» Qui peut de la nature approfondir *l'abyme !* »
Del. *Im.* II.

« De l'homme, cet *abyme* et sans bords et sans fonds,
» Je vais développer les mystères profonds. » *Ibid.*

« Je veux lui faire voir là-dedans un *abyme* nouveau. » Pasc. *Pens.* I, art. 3.

« O profondeur et *abyme* des conseils de Dieu ! » Bourd. *M.* II, 7.

« *Abyme* des trésors de Dieu ! » *Ibid.* 310.

« Elle prend l'essor et va se perdre dans *l'abyme* des » grandeurs et des perfections de Dieu. » Fléch. *Or. d'Aiguil.* 227.

7. Des malheurs profonds où l'on tombe, où l'on est englouti comme dans un gouffre :

« Il est tombé dans un *abyme* de malheur, dans un » *abyme* de misère. » *Dict. Acad.*

« . . . . Je frémis, quand je vois
» Les *abymes* profonds qui s'ouvrent devant moi. »
Rac. *Esth.* III, 1.

« Ainsi, de piège en piège, et *d'abyme en abyme*,
» Corrompant de vos mœurs l'aimable pureté,
» Ils vous feront enfin haïr la vérité. »
Id. *Ath.* IV, 3.

« De quel comble de gloire et de félicités
» Dans quel *abyme* affreux vous me précipitez ! »
Id. *Mithr.* II, 6.

« Un Dieu, plus fort que toi, m'entraînoit vers le crime ;
» Sous mes pas fugitifs il creusoit un *abyme.* »
Volt. *Œd.* V, 4.

« De tant de trahisons *l'abyme* est découvert. »
Id. *Adél.* II, 6.

« Tu vois que dans ces lieux environnés *d'abymes*
» Je viens chercher un trône, un autel, des victimes. »
Id. *Mah.* II, 6.

« Autrefois élevé par une si longue suite de prospérités, » et puis plongé tout à coup dans un *abyme* d'amer- » tumes. » Boss. *Or. R. d'Angl.*

« C'est toi qui m'as tirée d'une douce et profonde paix, » pour me précipiter dans un *abyme* de malheurs. » Fén. *Tél.* VII.

« Les dieux vous ont conduit comme par la main jus- » qu'au bord de *l'abyme*, pour vous en montrer toute la » profondeur. » Id. *ibid.*

« Une nation qui dans *l'abyme* de son ignorance et de » sa misère dédaignoit tout commerce avec les nations » étrangères. » Volt.

« Dans *l'abyme* de maux où je suis submergé. » J. J. R. *C.* XII. t. III, 70.

— Se dit encore figurément, des sciences difficiles qui exigent une très-profonde application : la métaphysique est un *abyme.* *Acad.*

ABYMÉ, ÉE. part. d'ABYMER. S'emploie familièrement dans ces phrases : Un homme *abymé* de dettes ; un habit *abymé* de taches. *Dict. Acad.*

ABYMER. v. a. S'emploie avec les prépositions *dans*, *en*, *par*, *sous*, ou absolument ;

1. Précipiter dans un *abyme :*

« Les cinq villes que Dieu *abyma.* » *Dict. Acad.*

« Dieu résolut enfin, terrible en sa vengeance,
» D'*abymer sous* les eaux tous ces audacieux. »
Boil. *S. XII.*

« Les espérances se relèvent, lorsqu'un flot survient et » l'*abyme.* » La Br. *Car.* ch. XII.

« Si nous ne pouvons *abymer* Télémaque *dans* les flots « de la mer. « Fénél. *Tél.* IX.

☞ Figurément, plonger, enfoncer, absorber :

« . . . . *En* quel gouffre d'horreur
» Tes périls et ma perte ont *abymé* mon cœur ! ».
Volt. *Mah.* II, 1.

« Des âmes enfoncées et comme *abymées dans* les con- » trats, les titres et les parchemins. » La Br. *Car.* ch. VI.

« J'étois *abymé dans* la plus amère douleur. » Fénél. *Tél.* II.

« Il la trouva seule, abandonnée et *abymée* dans la dou- » leur, sur un rivage inconnu. » Id. *ibid.* XVII.

« Le roi paroissoit *abymé dans* une rêverie profonde. » Volt.

2. Anéantir, détruire, exterminer :

« Cet homme est puissant et vindicatif, il vous *abymera.* » Des dépenses excessives l'ont *abymé.* Cette perte qu'on » vient de peindre *abymera* votre habit. » *Dict. Acad.*

« *Abyme* tout plutôt. » Boil. *Lutr.* I.

« Ces rides, ces cheveux gris ne nous avertissent que » trop qu'une grande partie de notre être est déjà *abymée* » et engloutie. » Boss.

« Ce diable d'Alexandre qui est venu de bien loin, de » je ne sais où, pour *abymer* tout, pour engloutir tout. » Font. VII, 339.

« Flatter la jeunesse, l'*abymer* par les dépenses et les » dettes. » Fénél.

3. Renverser de fond en comble :

« Une ville *abymée* par un tremblement de terre. » *Acad.*

« Enfin *sous* mille crocs la maison *abymée*
» Entraîne aussi le feu qui se perd en fumée. »
Boil. *S. VI.*

ABYMER. v. n. 1. Tomber dans un *abyme :*

« Cette ville *abyma* en une nuit. »

2. Fig. périr :

« C'est un méchant homme, il *abymera* avec tout son » bien. Toute sa fortune *abymera* quelque jour. »

(L'*Académie* donne ce mot, dont aucun auteur, à notre connoissance, ne fournit d'exemples.)

S'ABYMER. v. pron. n'est employé qu'au fig.

1. Se perdre, se ruiner :

« Il *s'est abymé* par son luxe, par ses débauches. » *Acad.*

« *S'abymer* à force de prêter à usure. » *Sév. L.* 978.

2. Au moral : s'abandonner à une chose ; s'y enfoncer ; s'y noyer, pour ainsi dire :

« *S'abymer dans* les pensées, *dans* l'étude, *dans* la » douleur, *dans* la débauche, *dans* les plaisirs. » *Acad.*

« Et sachant *dans* quels maux mon cœur *s'est abymé.* » Mol.

« Toi donc qui vois les maux *où* ma muse *s'abyme.* » Boil. *Sat. II.*

« Pensif, l'air *abymé dans* leurs mâles douleurs. » Del. *Im.* VII.

« Elle *s'abyme dans* la contemplation de son immensité » et de sa majesté. » Fléch.

ACABIT. s. m. (Rac. selon Ménage, *accaptare*, acheter ; *accapitum*, achat, dans la latinité du moyen âge.) Ce mot est du style négligé.

1. Bonne ou mauvaise qualité des choses.

Il se dit principalement des fruits :

« Des poires d'un bon *acabit ;* des légumes d'un bon, » d'un mauvais *acabit.* » *Acad.*

☞ 2. Fig. Des personnes. (l'*Académie* ne le donne point dans cette acception, qui est cependant fort usitée, mais dans le style familier) :

« Et de quel *acabit* étoit-il conseiller ?
» Étoit-ce en robe longue, en rope courte, en botte ? »
Bours. *Fabl.* IV, 3.

(Dans les anciennes éditions de Boursault, ce mot est au féminin : « Et de quelle *acabie.* » Voy. Ménage, *Etym.*)

« . . . . Ta plume baptise
» De noms trop doux gens de tel *acabit.* »
J. B. Rouss I, *Ep.* 3.

« Gens de même *acabit*, personnages frivoles. »
Lach. *Préj.* IV, 4.

« Vous me demandez ce que je pense de vos cousins. Je » les trouve, si l'on peut s'exprimer ainsi, de même *acabit* » que vous, et cet *acabit* n'est pas le plus commun. » Du Def. T. II, 463.

ACACIA. (Rac. ἀκακία, *acacia.* Voy. Ménage, et Banier *sur* Vigneul, t. III, 262.) Espèce d'arbre à grappes de fleurs blanches et pendantes. C'est proprement le *Robinia pseudoacacia* de Linnée. (Ménage, *Observ.* p. 371, croit que le pluriel ne doit pas prendre d'*s*, et Th. Corneille, *sur* Vaugelas, t. II, 192, semble adopter cette opinion ; l'*Académie* écrit aujourd'hui *acacias* au pluriel, et la difficulté n'en subsiste pas moins) :

« Sur le devant étoient (*lis.* étoit) une douzaine d'ar- » bres, jeunes encore, mais faits pour devenir fort grands, » tels que le hêtre, l'orme, le frêne, l'*acacia.* » J. J. Rouss. *H.* IV, L. II, t. III, 121.

« Assis avec elle sur un banc de gazon, sous un *acacia* » tout chargé de fleurs. » Id. *C.* IX, t. III, 148.

ACADÉMICIEN. s. m.

1. Philosophe qui suivoit les opinions de la secte philosophique, appelée *Académie :*

« Les *académiciens* et les péripatéticiens étoient opposés » en certaines choses. » *Acad.*

« Nous ne sommes, ni vous, ni moi, de sa secte ; nous » sommes *académiciens.* » Volt. XL, 314.

2. Celui qui est membre d'une corporation littéraire que nous nommons *Académie :*

« Dans Houdart souvent un âne
» Est un *académicien.* » J. B. R. *Epigr.*

« Dans un fauteuil *d'académicien*,
» Lui quarantième, on fait asseoir mon homme. »
Piron, IX, 159.

« Il a laissé deux fils, tous deux *académiciens ;* l'un » de l'académie des sciences, l'autre de celle des inscrip- » tions. » Fonten. V, 50.

« La comédie des *académiciens*, de Saint-Evremont, » eut quelque réputation en son temps. » Volt. XLVII, 95.

ACADÉMIE. s. f. (Rac. *Academia*, d'*Academus*, nom propre) :

1. Nom d'une secte philosophique dans l'antiquité ;

« *L'académie* enfin, par la voix de Platon,
» Va dissiper en moi tout l'ennui de Zénon. » L. Rac.

« On sait que ce mot *académie*, emprunté des Grecs, » signifioit originairement une société, une école de phi- » losophie d'Athènes, qui s'assembloit dans un jardin légué » par Academus. » Volt. XLVII, 94.

2. Association d'hommes qui se réunissent, sous la protection et avec l'autorisation du gouvernement, pour s'occuper de belles lettres, de sciences ou de beaux arts :

« Ce n'est point la brigue, ce ne sont pas les sollicita- » tions qui ouvrent les portes de *l'académie.* » Rac. *Disc. Acad.*

« *L'académie* royale des sciences fut formée en 1666, » par M. Colbert. » Fonten. V, 49.

« *L'académie* françoise a rendu de grands services à la » langue. » Volt. XLVII, 94.

« Cette *académie* françoise est l'objet secret des vœux » de tous les gens de lettres » Id. LXIV, 21.

« Les grands hommes se sont tous formés, ou avant les » *académies*, ou indépendamment d'elles. » Id. LV, 85.

« *L'académie* des inscriptions est peuplée par les stu- » dieux d'antiquités ; mais on est bon géomètre, homme » de lettres, et souvent antiquaire, sans être d'aucune *aca-* » *démie.* » Dider. IX, 276.

☞ 3. Département de l'université royale :

« L'université sera composée d'autant *d'académies* » qu'il y a de cours d'appel. » Décret du 17 mars 1808.

— On a dit aussi autrefois *Académie*, dans le sens général d'université. (Voy. Trévoux.)

☞ 4. Le lieu où s'assemblent les membres d'une *académie* (2) :

« Voilà deux mois que je ne sors point, si ce n'est » pour aller un peu à *l'académie.* » La F. *Œ. D.* 391.

5. Maison d'éducation où les jeunes gens apprennent ce qu'on appelle *les exercices*, monter à cheval, faire des armes, etc. :

« On trouve dans Paris quantité *d'académies* . . . . » *académie* d'armes qui enseigne à les tuer (les hommes). » Dufr. *Am.* X, 248.

« De là il passa à *l'académie*, pour apprendre à monter » à cheval, et les autres exercices qui convenoient à un » jeune homme que l'on destinoit aux armes. » Gouj. *Bibl.* XVI, 17.

« Nos exercices de *l'académie* sont des jeux d'enfants » auprès de ceux de l'ancienne gymnastique. » J. J. Rouss. *L. à* d'Alemb.

« Sans avoir fait son *académie*, un voyageur monte à » cheval, s'y tient, et s'en sert assez pour le besoin. » Id. *Em.* II.

(*Faire son académie*, c'est passer à l'*académie* le temps nécessaire pour y apprendre tous les exercices qu'on y enseigne. Dans le même sens on dit *faire ses classes*, etc.)

— On dit aussi *tenir académie*, pour dire, avoir des écoliers à qui l'on enseigne l'équitation et les exercices du corps. *Acad.*

— Il se prend aussi pour les écoliers mêmes :

« Ce jour-là un tel écuyer fit monter toute son *académie* » à cheval. » *Ibid.*

6. *Académie de musique* ; l'Opéra de Paris :

« Ce mot *d'académie* devint si célèbre que lorsque » Lulli, qui étoit une espèce de favori, eut obtenu l'éta- » blissement de son Opéra en 1672, il eut le crédit de faire » insérer dans les patentes que c'étoit une *académie* » royale de musique . . . . cependant le public a toujours » conservé l'habitude d'aller à l'Opéra, et jamais à *l'Aca-* » *démie* de musique. » Volt. XLVII, 93.

« *Académie royale de musique*, c'est le titre que porte » encore aujourd'hui l'Opéra de Paris. Je ne dirai rien de » cet établissement célèbre, sinon que de toutes les

» académies du royaume et du monde, c'est assurément » celle qui fait le plus de bruit. » J. J. R. *Dict. de Mus.*

Rem. On dit encore de nos jours l'*Académie de musique*, pour désigner l'Opéra. Mais le même usage dont parle Voltaire, semble également prévaloir dans le langage ordinaire.

7. *Académie de jeu*, et simplement *Académie*; lieu où l'on donne publiquement à jouer, sous la tolérance de la police :

« Il a perdu son argent dans une *académie*. » *Dict. Acad.*

« Je ne sais pourquoi les lieux publics où l'on joue, ont » usurpé le beau nom d'*académie*. » Dufr. *Am.* X, 247.

« Si M. Le. . . . avoit été reçu dans une *académie* de » lansquenet ou de biribi, je n'en serois pas surpris; mais » dans l'Académie françoise, cela est un peu surprenant. » J. B. Rouss. *Lettr.* I, 307.

« Ce titre (d'académie) a été tellement prodigué en » France, qu'on l'a donné, pendant quelques années, à » des assemblées de joueurs qu'on appeloit autrefois des » tripots : on disoit *académies de jeu*. » Volt. XLVII, 92.

« Son mari revint fort tard de l'*académie*, où il avoit » coutume d'aller jouer. » Le Sag. *D. B.* IV, ch. 2.

« Cette *académie* se tenoit au profit de M. le prince de » R. » Prév. *Man.* 70.

« Les *académies* où l'on jouoit si gros jeu. » Id. *Kill.* I, 30.

8. En style d'arts, se dit d'une figure entière dessinée d'après le modèle, qui est un homme nu, et qui n'est pas destinée à entrer dans la composition d'un tableau. *Acad.* (Technique.)

ACADÉMIQUE.

1. D'*académie* (2); propre à une *académie* (2) :

« Déjà le mauvais sens, reprenant ses esprits,
» Songe à nous redonner des poëmes épiques,
» S'empare des discours mêmes *académiques*. »
Boil. *Ep. VIII.*

« Tomber de chute en chute au trône *académique*. » Gilbert, *Sat. du* XVIIIe *siècle.*

« Je suis persuadé qu'il se fait plus de figures en un jour » de marché à la halle, qu'il ne s'en fait en plusieurs jours » d'assemblées *académiques*. » Dumars. *Trop.* 3.

« Il faut avouer pourtant que c'est (Marmontel) un » sujet très *académique*. » Vois. IV, 72.

« Il est aisé de voir par quelle fatalité presque tous ces » discours *académiques* ont fait si peu d'honneur à ce » corps. » Volt. XL, 88.

« Le succès brillant qu'il obtint dans ses lectures » *académiques*, nuisit à celui de l'impression. » D'Al. *El.* IV, 508.

Rem. Cet adjectif ne se place ordinairement qu'après le subst. Cependant en vers il le précède quelquefois, comme dans cet exemple de Gresset :

« Quittant le ton de la nature,
» Répandent sur tous les discours
» L'*académique* enluminure. »

☞ 2. D'*académie* (3), d'Université; propre à l'*académie* (3).

« Je conserverois la place de recteur avec tous les hon- » neurs *académiques* dont il jouit. » La H. *Lyc.* XVI, 384.

☞ 3. D'*académie* (8) :

« Lorsque l'élève sait dessiner facilement d'après l'es- » tampe et la bosse, je le tiens pendant deux ans devant » le modèle *académique* de l'homme et de la femme. » Dider. XIII, 346.

« Je désire seulement qu'ils (les peintres) s'écartent des » manières *académiques* qui les lient. » B. Saint-P. *Et.* II, 136.

ACADÉMIQUEMENT. adverbe qui ne se met guère qu'après le verbe, suivant la remarque de Lav. — d'une manière *académique* :

« Il a traité ce sujet *académiquement*. » *Dict. Acad.*

✽ ACADÉMISER. v. a. Ce mot, qui ne se rencontre que dans Diderot, signifie : donner à ses figures, soit en peinture, soit en sculpture, le mouvement roide et forcé de l'*académie* (8), du modèle, du mannequin :

« Vous *académiserez*, vous redresserez, vous guinderez » toutes vos figures. » Dider. XIII, 383.

ACADÉMISTE. s. m. (Voy. Girard, *Synon.* et la note de Beauzée.) Qui suit l'*académie* (5), qui y fait ses exercices :

« Un *académiste* qui est bien à cheval. » *Acad.*

« Ce jeune *académiste* est dans une posture
» A n'appréhender pas qu'on l'égale jamais. »
Bens. II, 89.

« . . . . . . Aujourd'hui les légistes,
» Les sujets de Thémis sont des *académistes*. »
Fag. *Astre*, XI.

« Il se contentoit de se tenir droit sur son cheval en » tendant le jarret, comme un *académiste* qu'il étoit. » Le Sag. *Gusm.* VI, ch. I, t. II, 229.

« On appela les jeunes gens qui apprenoient l'équitation » et l'escrime dans les écoles destinées à ces arts, *académistes*, et non pas académiciens. » Volt. XLVII, 94.

Rem. Naudé (*Masc.* p. 707) a désigné, par le mot d'*académistes*, les philosophes de l'ancienne *académie* : ce n'est pas d'usage; on doit dire *académiciens*.

ACAGNARDER. v. a. Accoutumer quelqu'un à mener une vie obscure et fainéante :

« La mauvaise compagnie l'a *acagnardé*. » *Acad.*

(Il est du style familier, et suranné.)

S'ACAGNARDER. v. pron. L'*Académie* dit qu'il est plus usité que le précédent. On ne le trouve guère cependant que dans ces vers de Scarron :

« Et qu'Énéas l'on divertisse,
» Si bien que sans courir ailleurs,
» Ni chercher des gîtes meilleurs,
» Auprès de vous il *s'acagnarde*. »
Scarr. *Virg.* IV.

— L'*Acad.* en donne les exemples suivants :

« *S'acagnarder* dans sa terre, auprès d'une femme, du « feu, dans un fauteuil. »

ACAJOU. s. m. 1. Espèce d'arbre qui croît en Amérique, dont le fruit est une noix réniforme, et dont le bois est fort employé par les menuisiers et les tabletiers pour meubles, à cause de ses veines et de sa belle couleur rouge :

« Lorsqu'ils ont mangé du fruit d'*acajou*. » Buff. *Ois.* II, 288.

« Tout étoit, au contraire, d'une extrême simplicité; » des tables d'*acajou*, des boisures unies. » Dider. X, 422.

« Tels étoient... l'*acajou*, le bois de fer, qui se sont » trouvés propres aux ouvrages de menuiserie. » Rayn. V, 230.

☞ 2. Ext. Le meuble même fait de bois d'*acajou* :

« Sur l'*acajou* veiné la porcelaine brille. » Del. *Regn.* IV.

ACANTHACÉ, ÉE. adj. Se dit des plantes épineuses. (Scientifique.)

ACANTHE. s. f. (Rac. ἄκανθα, *épine*; d'où ἄκανθος, *acanthus*.) Plante à grandes feuilles, et de laquelle il y a plusieurs espèces, dont une est épineuse :

« Je courberois le lierre et l'*acanthe* en berceaux. » Delil. *G.* IV.

« De grandes angéliques et des *acanthes* formoient des » touffes de verdure parmi des débris de marbre de toutes » couleurs. » Chat. *It.* III, 19.

— Ce substantif est mis au masculin par Delille :

« Le Nil du vert *acanthe* admire les feuillages. » G. II.

(Cet exemple est contraire à l'usage général.)

ACARIATRE. adj. m. et f. (Rac. *acer*, âcre, aigre; d'où *acariaster*, selon Ménage. Voyez d'autres étymologies dans ses *Origines* et dans Furetière. Ajoutez Costar, *Entret.* p. 280. Richelet, faute d'avoir lu Ménage avec attention, lui prête une opinion qu'il n'a point eue.) Criard; morose; fâcheux :

« C'est une humeur, un esprit *acariâtre*; une femme, » un enfant *acariâtre*. » *Acad.*

« Monstre hargneux, superbe, *acariâtre*. » J. B. R. *Epît.* I.

ACARNE. s. m. On appelle ainsi un poisson de mer, de la figure et de la grandeur du rouget, mais blanc.

— On appelle encore ainsi une espèce de chardon à fleur large et jaune. *Acad.*

✽ ACATALECTE. adj. m. et f. (Rac. ἀκατάληκτος, de α priv. et καταληκτος, qui cesse, à qui il manque quelque chose à la fin.) Terme de prosodie ancienne : entier; complet (se dit des vers qui ont le nombre de syllabes exigé) :

« Dans toutes les strophes et les antistrophes on trouve » un vers technique trimètre complet ou *acatalecte*. » Vauvil. *Acad.* XLVI, 245.

ACATALEPSIE. s. f. (Rac. α privat. et κατάληψις, compréhension.)

1. Impossibilité de comprendre; doute (terme de philosophie ancienne) :

« L'*acatalepsie* de Pyrrhon ne s'étendoit pas au rapport » des sens. » Dider. VII, 7.

2. Maladie qui attaque le cerveau et ôte à celui qui en est attaqué la faculté de comprendre une chose, de suivre un raisonnement. *Acad.*

(Terme de médecine.)

ACATALEPTIQUE. adj. m. et f. 1. Partisan du doute philosophique appelé *acatalepsie*. *Acad.*

☞ 2. Sujet à la maladie nommée *acatalepsie*.

ACCABLANT, TE. adj. verb.

1. Qui *accable*, qui fait ployer sous le poids :

« Un poids *accablant*. » *Acad.*

Il est plus usité dans le sens moral.

2. Fig. Qui *accable*; qui afflige excessivement; sous qui on succombe :

« C'est une servitude *accablante* qui demande un cou- » rage et une patience héroïques. » Fénél. *Tél.* XIX.

« Quelle force invincible et *accablante* de témoignages ! » La Br. *Car.* ch. XVI.

« Quel poids *accablant* et insupportable que celui d'une » fausse louange et d'une estime que le cœur rejette en » secret ! » J. J. R. *H. I*, L. 63.

« Il ne manqua rien au coup que je reçus pour le rendre » *accablant*. » Id. *C.* IV.

« Avec de tels dédommagements, nulle disgrâce n'est *ac-* » *cablante*. » Genl. *Th.* III, 214.

« Une idée *accablante* et terrible s'offre à moi. » La H. *Charl. V.*

« L'apparition soudaine du transfuge fut pour nos ad- » versaires un coup de surprise *accablant*. » Marm. *Mém.* II.

— On dit aussi familièrement, un homme *accablant*, pour importun, incommode. Une femme *accablante*, des visites *accablantes*. *Acad.*

ACCABLEMENT. s. m.

1. État physique d'une personne dont le corps est affaissé, fatigué, abattu; abattement :

« *Accablement* de corps. Sa maladie l'a jeté dans un tel » *accablement*, qu'il a peine à se mouvoir. » *Dict. Acad.*

« Qu'il est sombre, livide et pâle !
» Ah ! quel horrible *accablement* !
» Un pauvre agonisant qui râle
» Paroît moins près du monument. »
Pir. VIII, 352.

« Durant l'assoupissement que l'*accablement* lui causa. » Boss.

« Je me sentis même une assez grande difficulté de res- » pirer, enfin des pesanteurs et un *accablement* total. » Mariv. VII, 235.

☞ 2. État moral d'une personne dont l'esprit est accablé, fatigué, malade; abattement de l'âme et de l'esprit. (l'*Académie* borne l'acception morale de ce mot à l'idée d'une grande surcharge d'affaires, et elle n'en donne que cet exemple :

« Il est dans un *accablement* d'affaires, de travail, » qui lui laisse à peine le temps de respirer. »

Mais les exemples suivants montrent que cette acception doit être étendue) :

« *L'accablement* de vos maux ne vous le permettra » pas. » Mass. *C.* II, 121.

(C'est-à-dire l'*accablement* que vous causent vos maux; cette construction elliptique n'est peut-être pas à imiter.)

« La religieuse entra, et me surprit dans cet *accable-* » *ment* de cœur et d'esprit. » Mariv. VII, 269.

« Tant de chagrins coup sur coup me jetèrent dans un » *accablement* qui ne me laissoit guère la force de re- » prendre l'empire de moi-même. » J. J. Rouss. *C.* IX, t. III, 191.

☞ 3. Chose *accablante*; fardeau qui *accable* (au fig.); embarras énorme :

« Quel poids, quel *accablement* que celui de tout un » royaume ! » La Bruy. *Car.* ch. X.

« Il gémissoit de ne voir point de remède à un *accable-* » *ment* qui augmentoit son poids de jour en jour. » St.-Sim. *Mém.* II, 377.

☞ Ext.

« Les lois, leur texte, et le prodigieux *accablement de* » leurs commentaires. » La Br. *Car.* ch. XV.

ACCABLÉ, ÉE. part. d'*accabler*.

ACCABLER. v. a. (Rac. *cabulus*, machine de guerre qui lançoit des pierres énormes, selon Caseneuve. Voy. Caseneuve et Ménage.)

1. Charger d'un poids, abattre par la pesanteur, faire plier, succomber sous le poids. Se construit avec les prépositions *de* et *sous* :

« Il fut *accablé sous* les ruines. Ils furent *accablés de* » la chute d'une muraille. » *Dict. Acad.*

« Et d'injustes fardeaux *n'accable* point ses frères. »
Rac. *Ath.* IV, 2.

« Tourmenté de ses maux, *accablé de* ses chaînes. »
Ségr. *Eglog.* VI.

« Et qui sont *accablés du* faix de leur couronne. »
Boil. *Disc. au Roi.*

« J'y vois un homme *accablé*
» *Sous* le poids de sa misère. » J. B. Rouss. II, *O.* 2.

« Son vieux père *accablé sous* le fardeau des ans,
» Se livroit au sommeil entre ses deux enfants. »
Volt. *Henr.* II.

« Le ciel, qui *m'accabla du* poids de sa disgrâce. »
Volt. *Mér.* I, 3.

« La mèche d'un soldat, étant tombée dans un tonneau » de poudre, fit sauter une muraille, *sous* les ruines de laquelle il demeura *accablé.* » Pelis. *Acad.* 228.

« Il pensa être *accablé de* pierres par les paysans qui le » prenoient pour un voleur. » Fonten. V, 212.

« La vigne étoit *accablée sous* son fruit. »
Fénél. *Tél.* I.

« Des laboureurs qui étoient *accablés sous* le poids des » fruits. » Id. *ibid.* II.

— On dit à peu près dans le même sens : Être *accablé par* le nombre et *par* la multitude des ennemis. *Acad.*

« Darius croyoit *accabler* les Grecs *par* le nombre de » ses soldats. » Boss. *H. Un.* P. III, 62.

« Judas *accablé par* la multitude. » Id. *ibid.*

« Elle eût *accablé* les Perses dans le lit de la rivière où » ils passoient. » Id. *ibid.* III, sect. 4.

2. Par extens. Se dit des peines excessives que l'on cause à quelqu'un, des injures, des reproches, du mépris, etc., qu'on lui prodigue :

« Mais pouvois-je m'attendre à l'excès incroyable
» Des maux *dont* on *m'accable* ? »
L. Rac. I, 375.

« Il est assez puni quand l'opprobre *l'accable.* »
Gress. *M.* V, 10.

« Ce courroux dédaigneux *dont* il m'ose *accabler.* »
Volt. *Tancr.* IV, 5.

« Apprenez du moindre avocat qu'il faut paroître *accablé* d'affaires. » La Br. *Car.* ch. VII.

« Ceux qui viennent *l'accabler de* leurs questions et *de* » leurs doutes. » La Br. *Ibid.* ch. XI.

« Cette nouvelle *l'accableroit de* honte. »
Fénél. *Tél.* II.

☞ 3. Sans régime indirect ; on peut sous-entendre, selon la circonstance, d'*injures*, de *reproches*, de *subsides*, etc. Se dit des personnes :

« Ami, *n'accable* point un malheureux qui l'aime. »
Rac. *Andr.* I, 1.

« Que tout, jusqu'à Pinchêne, et m'insulte et *m'ac-*
» *cable.* » Boil. *Ep.* V.

« Vous craignez, je le vois, que je ne vous *accable.* »
La Chauss. *Mél.* V, 3.

« Oui, je suis une ingrate ; allons, *accablez*-moi. »
Id. *Ecol.* II, 7.

« Renversez ce mauvais ordre, qui *accable* les bons, » qui récompense le vice. » Fénél. *Tél.* XII.

« Cette commisération si naturelle pour un peuple *accablé* et indigent. » La H. *Charl. V.*

4. Fig. Oppresser ; se dit, par hyperbole, du poids des malheurs, des chagrins excessifs, des fatigues, et généralement de toute chose violente qui peut être considérée comme un poids qui *accable* :

« Il est *accablé* de dettes, de misères, de visites. Ne vous » laissez point *accabler* au mal, à la douleur, à la tris- » tesse. » *Dict. Acad.*

« Ni vos leçons, ni celles des neuf sœurs
» N'ont su charmer la douleur qui *m'accable.* »
Lafont. *Œ. D.* 344.

« Tant de coups imprévus *m'accablent* à la fois,
» Qu'ils m'ôtent la parole et m'étouffent la voix. »
Rac. *Phèd.* IV, 2.

« Haï, craint, envié, souvent plus misérable
» Que tous les malheureux que mon pouvoir *accable.* »
Id. *Esth.* II, 1.

« *Accablé du* fardeau d'une tristesse extrême. »
Gress. *Sydn.* II, 2.

« Mon père est un vieillard *accablé de* misère. »
Volt. *Mér.* II, 2.

« On les presse, on les importune, on les *accable*, » et on réussit en les *accablant.* » Fénél. *Tél.* XIII.

« Les malheurs de sa maison n'ont pu *l'accabler.* »
Boss.

« Je suis *accablé de* tristesse et d'ennui. »
Mont. *Œ. M.* I, 129.

« La tristesse et l'ennui *l'accablèrent* au sein des amu- » sements frivoles. » J. J. Rouss. *H.* II, L. 11, t. II, 60.

« C'est une éducation pénible et violente, qui *accable* » un tempérament foible. » La H. *Charl. V.*

5. Se dit, en bonne part, de toutes les espèces de procédés obligeants que l'on prodigue à quelqu'un avec excès, sans mesure ; des dons de la fortune :

« Tu trahis mes bienfaits, je les veux redoubler ;
» Je t'en avois comblé, je *t'en* veux *accabler.* »
Corn. *Cinn.* V, 3.

« Sa femme, le voyant tout prêt à s'en aller,
» *L'accable de* baisers. » Laf. *C.* I, 1.

« Je vous vois *accabler* un homme *de* caresses. »
Mol. *Mis.* I, 1.

« Ma rivale *accablant* mon amant *de* bienfaits. »
Rac. *Baj.* I, 4.

« Opulente elle-même et *accablée du* superflu. »
La Br. *Car.* ch. III.

« Il ne faut pas croire que les rois soient bien flattés » de toutes les flatteries *dont* on les *accable.* »
Volt. LI, 398.

« Ils m'ont, à la vérité, très-bien reçu, et m'ont *accablé de* civilités. » Id. LXIII, 446.

« *Accablé de* caresses, baigné de douces larmes et » chargé de bénédictions. » Marm. *Mém.* I.

Rem. L'habitude de la conversation polie a beaucoup diminué la force de cette hyperbole.

☞ 6. Abattre, renverser, ruiner entièrement ; se dit des personnes. 1. Sans régime indirect :

« Ils vouloient tous ensemble *accabler* Mithridate. »
Rac. *Mithr.* V, 4.

« Achille menaçant tout prêt à *l'accabler.* »
Id. *Iphig.* IV, 1.

« Qui d'abord *accabloit* ses ennemis surpris. »
Id. *Athal.* III, 1.

« Hippias, d'un âge plus avancé, sembloit devoir *accabler* Télémaque. » Fénél. Tél. XVI.

« Il sent je ne sais quoi de divin qui l'étonne et qui » *l'accable.* » Id. *ibid.*

« Ninus, plus entreprenant et plus puissant que ses » voisins, les *accabla* les uns après les autres. »
Boss. *H. Un.* III, part. 4.

« Un traité entre les souverains n'est souvent qu'une » soumission à la nécessité, jusqu'à ce que le plus fort puisse » *accabler* le plus foible. » Volt. *Charl. XII*, liv. I.

☞ 2. Avec un régime indirect :

« *Sous* tant de morts, *sous* Troie il falloit *l'accabler.* »
Rac. *Andr.* I, 2.

« Mais lorsque *d'*un coup d'œil il pouvoit *l'accabler.* »
Volt. *Henr.* III.

☞ 3. En parlant des choses ; abattre, renverser :

« Et que tantôt aux yeux du chapitre assemblé,
» Il soit *sous* trente mains en plein jour *accablé.* »
Boil. *Lutr.* IV.

S'Accabler, v. pron. *S'accabler* de travail.
Dict. Acad.

« *Il s'est accablé de* superfluités que l'habitude enfin » lui rend nécessaires. » La Br. *Car.* ch. XI.

ACCAPAREMENT. s. m. 1. Action d'*accaparer* ; espèce de monopole qui consiste à acheter ou à arrher une grande quantité de blé et de toute espèce de denrées, pour se rendre maître du prix faute de concurrents :

« Un traitant, nommé, je crois, Pléneuf, avoit fait un » *accaparement* de blé, qui avoit mis le peuple au déses- » poir. » Chamf. IV, 268.

☞ 2. Amas, magasins d'objets *accaparés* :

« M. de Crosne a bien voulu faire passer, toutes les » nuits, une patrouille déguisée autour d'immenses ma- » gasins où je tiens de la librairie, qu'on a cherché à » donner au peuple pour des *accaparements* de blé. »
Beaum. IV, 604.

Accaparé, ée. part. d'*accaparer*.

ACCAPARER. v. a.

1. Amasser, par une spéculation condamnable, de grandes quantités d'une denrée quelconque, pour en produire la rareté, et la vendre ensuite fort cher :

« Il ne permit l'importation des blés qu'à prix d'argent, » les *accapara* lui-même, obligea les marchands de les » lui vendre à raison de dix drachmes la mesure, et les » vendit ensuite à trente-deux aux malheureux Egyp- » tiens. » Sainte-Croix, *Ex.* 295.

☞ 2. Amasser des objets quelconques en grande quantité : (Style famil.)

« Semblable à ce riche avare,
» Couché sur l'or qu'il *accapare.* »
De L. *Conv.* 3.

ACCAPAREUR. s. m. Celui qui *accapare* :

« Me dénonçant au peuple comme un *accapareur* de » blé. » Beaum. IV, 605.

— L'*Acad.* donne *accapareuse*, et fait ce mot adjectif, en ajoutant qu'il se prend plus souvent substantivement :

« C'est un *accapareur*, c'est une *accapareuse.* »

✱ ACCARER. v. a. (Rac. χάρα, *tête* : et *cara*, tête, en espagnol ; voy. Ménage.) Terme de palais, peu usité ; confronter :

« Il envoya prier la reine de ne faire mourir ce mal- » heureux qu'il ne fût premièrement *accaré à* lui. »
Brant. *dans* Furetière.

✱ ACCARIATION. s. f. (On trouve *acaration* dans Rabelais, *Pant.* III, ch. 37 ; et il vaudroit mieux écrire *accaration*, que *accariation.*) Action d'*accarer* ; confrontation. (Ce mot n'est point en usage.)

Accédé, ée. part. d'*accéder*.

ACCÉDER. v. n. (Rac. *accedere.*) Consentir (à un traité, à un acte) ; en adopter les clauses, les stipulations. Se construit avec la particule *à*, et prend l'auxiliaire *avoir* :

« Les couronnes du Nord ont *accédé à* ce traité. »
Dict. Acad.

Cet exemple paroit fait d'après cette phrase :

« Le roi de Pologne et le czar *accédèrent* eux-mêmes à » ce traité. » Volt. XXVI, 246.

(On ne le trouve point avant Voltaire.)

ACCÉLÉRATEUR, trice. adj. verb. Qui a le pouvoir, la faculté d'*accélérer* ; qui *accélère* :

« Muscles *accélérateurs.* Forces *accélératrices.* »
Acad.

« Cette différence de la force *accélératrice*, à des dis- » tances différentes, n'est fondée sur aucune expérience. »
Volt. LXII, 231.

ACCÉLÉRATION. s. f. Mouvement accéléré ; vitesse plus grande :

« L'*accélération* du mouvement dans la chute des corps » graves. » *Dict. Acad.*

Cet exemple paroit emprunté de d'Alembert :

« Une expérience unique sur l'*accélération* des corps » qui tombent, fait découvrir les lois de leur chute sur » des plans inclinés. » D'Alemb. *Mél.* I, 39.

— Il se dit aussi pour prompte expédition d'un travail, d'une affaire :

« Il faut faire telle chose pour l'*accélération* de l'ou- » vrage. » *Acad.*

Accéléré, ée. part. d'*accélérer*.

ACCÉLÉRER. v. a. (Rac. *celer*, vite ; d'où *accelerare.*) Hâter, rendre plus prompt :

« Il faut *accélérer* ce travail. » *Acad.*

« La prévoyance de la mort la rend horrible et l'*accélère.* » J. J. Rouss. *Em.* IV, 248.

« Le mouvement du sang *accélère*, excite une transpi- » ration salutaire. » Id. *Franq.* II, 225.

« Rien n'*accélère*, comme la jalousie, les progrès de » l'amour naissant. » Marm. *C.* II, 89.

« On tombe dans les excès les plus propres à *accélérer*, » à provoquer le mal. » Rayn. IV, 278.

(Tous ces mots paroissent d'une date assez récente.)

ACCENSE. s. f. (Terme de jurisprudence et de coutume.) Dépendance d'un bien :

« Cette prairie est une *accense* de ma ferme. »
Acad.

Accensé. part. d'*accenser*.

ACCENSER. v. a. (Terme d'économie rurale.)

1. Joindre un bien à un autre, comme une dépendance :

« *Accenser* un pré à une ferme. »

2. Joindre un objet d'administration rurale à un autre :

« J'ai *accensé* plusieurs bouquets de bois à une seule » coupe. »

3. En économie politique, réunir sous la même division ; comprendre dans la même classe :

« Ces deux villages ressortissoient de différents bail- » liages ; on les a *accensés au* même. » *Dict. Acad.*

ACCENSES. s. m. plur. Terme d'histoire romaine. Ce mot est pris dans trois acceptions différentes, qu'on a quelquefois confondues. Les *accenses* étoient, 1°. selon Festus, des soldats surnuméraires (*quasi ad censum legionis adscripti*) ; on les plaçoit à la suite des légions pour remplacer les soldats qui mouroient ; 2°. des espèces d'appariteurs au service des officiers civils et militaires (l'*Acad.* ne donne que cette acception) ;

3°. des troupes légères qui firent partie de la légion, jusqu'à l'établissement des Vélites. (Voy. Le Beau, *Acad.* t. XXIX, *M.* 369.)

« Tite-Live met au nombre des légionnaires les roraires » et les *accenses*, qui étoient les troupes légères dans le » temps dont il parle. » Le Beau, *ibid.* 364.

ACCENT. s. m. (Bac. *accentus.*)

1. Intonation; ton, modulation de la voix dans la prononciation des mots d'une langue :

« . . . . . Et l'*accent* de province
» Ne se perd pas même à la cour du prince. »
Volt. *Puc.* IV.

« De quel pays, Monsieur, êtes-vous? — De Provence.
» — De Provence? Voyez! je ne l'aurois pas cru.
» Vous n'avez point l'*accent*. — C'est que j'ai tant couru! »

» En voyageant, l'*accent* diminue et s'efface. »
Col. d'H. *Chat.* II, 4.

« L'*accent* du pays où l'on est né demeure dans l'esprit » et dans le cœur comme dans le langage. »
La Rochef. *M.* 342.

« L'air de la cour est contagieux; il se prend à Versailles, comme l'*accent* normand à Rouen ou à Falaise. »
La Bruy. *Car.* ch. VIII.

« Voilà l'*accent* de ma chère Elvire. » Regn. IV, 10.

« Si l'on croit suppléer à l'*accent* par les accents, on » se trompe; on n'invente les accents que quand l'*accent* » est déjà perdu. » J. J. Rouss. *Orig. Lang.* ch. 7.

« Il leur disoit d'un ton froid, et dans son *accent* provençal, des mots qui faisoient le plus grand effet. »
Id. *C.* IV, t. I, 195.

« La vive et tendre impression que firent sur moi sa » vue et l'*accent* de sa voix (de Massillon). »
Marm. *Mém.* I.

— Par extension, on donne le nom d'*accent* à diverses modifications de la voix, considérées sous divers rapports. (1) *L'accent grammatical*, dont l'effet est de détacher un mot de ceux qui le précèdent ou le suivent, et d'en faire un tout qui ait un commencement et une fin, une élévation et un abaissement :

« Conjuguez avec moi pour bien prendre l'*accent*. »
Regn. *Distr.* III, 3.

(2) L'*accent oratoire*, qui consiste à marquer plus fortement les mots principaux d'un discours, d'une phrase, et dont l'effet est, suivant les cas de renforcer ou d'affoiblir l'accent grammatical.

(3) L'*accent pathétique*, qui n'est qu'une espèce particulière de l'accent oratoire, auquel il ajoute un nouveau degré de force et d'énergie. C'est dans ce sens qu'on dit que chaque passion, chaque affection de l'âme a son *accent* propre :

« On entend tour à tour les vœux de l'amitié,
» L'*accent* du désespoir, *celui* de la pitié. »
Del. *Énéid.*

Et par extension, on le prête quelquefois aux objets inanimés, ou aux phénomènes naturels :

« Ses *accents* ressembloient *à ceux* de ce tonnerre,
» Quand du mont Sinaï Dieu parloit à la terre. »
Volt. *Henr.* III.

(4) Enfin l'*accent prosodique*, par lequel on entend cette espèce de modulation de la voix qui rend un son grave ou aigu (Voy. J. J. Rousseau au mot *accent*, dans son *Dict. de Musique*).

2. Intonation étrangère, provinciale :

« Aussi est-ce une ancienne maxime que, pour bien » parler françois, il ne faut point avoir d'*accent*. »
D'Oliv. *Pros.* 31.

« Nous jugeâmes bientôt à son *accent* qu'il étoit étranger. » Volt. XLVIII, 133.

« Le prince Henri, frère du roi, et la princesse Amélie, » sa sœur, récitoient très-bien des vers, et sans le moindre » *accent*. » Id. LXXI, 86.

3. Dans le style poétique et oratoire, ce mot s'emploie fréquemment au pluriel, dans le sens même de paroles articulées, de langage, etc. :

« Aux *accents* dont Orphée emplit les monts de
» Thrace. » Boil. *A. P.* IV.

« Qu'aux *accents* de ma voix la terre se réveille! »
Rac. *Athal.* III, 5.

« Aux magiques *accents* que sa bouche prononce,
» Les seize osent du ciel attendre la réponse. »
Volt. *Henr.* VII.

« On eût cru que les rochers attendris alloient descendre » du haut des montagnes aux charmes de ses doux *accents*. »
Fénél. *Tél.* II.

☞ Est Se dit aussi du chant ou du cri de quelques animaux :

« Il (le perroquet) jette l'éclat du ris, exprime l'*accent* » de l'affection. » Buff. *O.* XVII, 32.

« La pie n'a que des cris sauvages dont l'*accent* plaintif, » en troublant le silence des bois, semble exprimer ses » efforts et sa peine. » Id. *ibid.*

☞ 4. Signe écrit sur certaines syllabes, en grec, en latin, et dans d'autres langues, pour indiquer l'élévation ou l'abaissement de la voix dans la prononciation :

« J'approuve fort que vous ayez écrit ce mot grec sans » *accent*. » Cost. *Entr.* 54.

« Il y avoit dans le grec et dans le latin des *accents* qui, » indépendamment de la signification d'un mot ou du sens » de la phrase entière, déterminoient la voix à s'abaisser » et s'élever sur d'autres. » *Ibid.*

« Si l'on croit suppléer à l'accent par les *accents*, » on se trompe, etc. » J. J. Rouss. *Orig. Lang.* ch. 7.

Voy. *accent* (1).

5. Signe qui se met sur certains mots françois, pour indiquer la quantité de la syllabe, la prononciation de l'*e*, ou les distinguer de leurs homonymes. (Voy. *aigu*, *grave*, *circonflexe*) :

« Endoctriné de tout point
» Sur la virgule, le point,
» Sur l'*accent* grave, l'aigu,
» Le circonflexe tortu. »
Piron, IX, 125.

« Pas un *accent* n'échappe à leur docte scrupule. »
Del. *P. fug.* 141.

6. Accents, chant, en musique :

« Les poëtes emploient souvent ce mot au pluriel pour » signifier le chant même, et l'accompagnent ordinairement d'une épithète, comme *doux*, *tendres*, *tristes* » *accents*. » J. J. Rouss. *Dict. de Mus.*

ACCENTUATION. s. f. (*ti* se prononce comme *ci.*) Manière d'employer les *accents* dans l'écriture ou dans l'imprimerie :

« Cette *accentuation* est vicieuse. Entendre bien l'*accentuation*. » *Dict. Acad.*

Accentué, ée. part. d'*accentuer*.

ACCENTUER. v. a. suiv. l'*Acad.*; neutre, selon Féraud, qui en cite pour exemple : *Il ne sait pas accentuer*. Mais, dans ce cas, le verbe est pris absolument; ce qui n'empêche pas qu'il ne soit actif. (Voy. Lav. au mot *accentuer*) :

1. Marquer du signe appelé *accent :*

« Un bon faiseur de commentaires,
» Qui, dans quelques vieux exemplaires,
» Après s'être long-temps tué,
» Trouve un mot mal *accentué*. »
Perr. *Acad.* 1693, 339.

2. Donner l'*accent* prosodique :

« Je réussis à ce récitatif; il étoit bien *accentué*. »
J. J. R. *C.* VII, 234.

3. Donner le véritable *accent* oratoire ou pathétique :

« L'homme a trois sortes de voix, savoir : la voix » parlante ou articulée, la voix chantante ou mélodieuse, » et la voix pathétique ou *accentuée*, qui sert de langage » aux passions et qui anime le chant et la parole. »
J. J. R. *Em.* II, 144.

ACCEPTABLE. adj. m. et f. Qui peut, qui doit être *accepté :*

« Ces offres sont *acceptables*. » *Dict. Acad.*

✽ ACCEPTANT. s. m. Celui qui *accepte*.

(On nomma *acceptants*, sous la fin du règne de Louis XIV, et sous la régence, ceux des évêques et des membres du clergé, qui *acceptèrent* la constitution *unigenitus*) :

« L'Église de France resta divisée en deux factions, les » *acceptants* et les refusants. » Volt. XXIV, 362.

ACCEPTATION. s. f. Action d'*accepter*; s'emploie : 1. avec un régime :

« Il rendit un très-grand service à la France, en s'opposant toujours à l'*acceptation du* concile de Trente. »
Volt. XXX, 227.

2. Se dit aussi de celui qui *accepte :*

« Dans tous les accidents et toutes les disgrâces où il ne » nous manque qu'une *acceptation* volontaire et une soumission chrétienne. » Bourdal. *Panég.* II, 112.

— *Acceptation* d'une lettre de change, c'est la promesse par écrit de la payer. *Acad.*

Accepté, ée, part. d'*accepter*, recevoir.

ACCEPTER. v. a. (Bac. *accipere*, recevoir.)

1. En parlant des personnes; recevoir avec plaisir, agréer :

« Un faux Héraclius qu'elle *accepte pour* fr
Corn. *Hér.* I,

« A la face des dieux l'*accepter pour* époux.
Rac. *Phèd.* V, 6.

« Que j'*acceptois* l'époux que vous m'aviez p
Id. *Iphig.* IV, 4

« Il vient en m'embrassant de m'*accept*
» gendre. » Id. *ibid.* III, 3.

« J'*accepterai* sans peine un glorieux époux.
Quin. *At.* IV, 1.

« C'est un homme que je n'épouse point par am » sa seule richesse m'a fait résoudre à l'*accepter*. »
Mol. *Mar.* 12.

« Son père l'aura contrainte d'*accepter* un » époux. » Fénél.

« On m'*accepta* sur sa parole. » Marm. *Mé*

2. En parlant des choses; recevoir avec faction, prendre avec plaisir :

« J'eusse *accepté* le trône avec moins de plaisir
Rac. *Th.* IV, 3.

« J'*accepte* tous les dons que vous me voulez fa
Id. *Phèd.* II, 3.

« Et d'*accepter* le don qui vous est fait d'un bie
Mol. *Tart.* IV, 1.

« . . . . Je ne peux à ce prix
» *Accepter* un combat pour ma cause entrepris.
Volt. *Tancr.* II, 6.

« Mon premier maître, *accepte* mon épître. »
J. B. R. *Epît.* III.

« Il *accepteroit* comme une grâce l'état le plus ob » et le plus rampant, si l'on vouloit prolonger ses jou
Mass. *Av.* 71.

« Celui qui, dans une cour dissolue, *accepte* ou so » cite des grâces, ignore le prix qu'on y mettra quel » jour. » Dider. VIII, 72.

☞ S'emploie aussi avec un régime indire marqué par la préposition *de :*

« D'une main parricide *acceptent de* l'encens. »
Corn. *Hor.* V, 2.

« La paix! ah! *de* sa main pourriez-vous l'*accepter*
Rac. *Alex.* 1, 2.

— Et absolument :

« On tira parole du cardinal qu'il *accepteroit*. »
Volt.

« Enfin, c'étoit se perdre aisément en *acceptant*, » plus sûrement encore en refusant. »
St.-Sim. *Mém.* II, 42.

☞ 3. En parlant de choses morales ou méta physiques :

« Il me fit d'un empire *accepter* l'espérance. »
Rac. *Esth.* I, 1.

« Je chéris, j'*acceptai*, sans tarder davantage,
» L'heureuse occasion de sortir d'esclavage;
» D'autant plus qu'il falloit l'*accepter* ou périr. »
Id. *Baj.* V, 4.

« . . . . . On *accepte* ma foi,
» Et je me rends captif, ou je meurs avec toi. »
Volt. *Mah.* II, 1.

« Ce peuple abandonneroit son pays ou se livreroit à la » mort, plutôt que d'*accepter* la servitude. »
Fénél. *Tél.* VIII.

« J'*accepte* ces présages que je crois heureux. »
Id. *ibid.* XVIII.

(Voy. les *notes* sur Racine, t. I, p. 90.)

« Sa parole seule est *acceptée*. »
Bourd. *Pan.* II, 119.

« Elle étoit prête à *accepter* nettement ma proposition, » et si bien que je la tiens pour *acceptée*. »
Font. VIII, 117.

« La résignation qui *accepte* l'adversité. »
Dider. *Sen.* I, 29.

« Il vit toute l'étendue de ses devoirs, et il en *accepta* » le fardeau. » La H. *Charl. V.*

— Se place avec une acception semblable dans certaines phrases consacrées :

Accepter un rendez-vous, c'est-à-dire, promettre d'aller à un rendez-vous donné, offert :

« Trouvez-vous demain à onze heures dans la grande » église. — J'*acceptai* le rendez-vous. »
Ducl. *Conf.* 25.

— *Accepter* un défi, c'est-à-dire, s'engager à faire quelque chose dont on a été défié. *Acad.*

— *Accepter* une lettre de change, c'est-à-dire, promettre de la payer. *Ibid.*

— *Accepter* un présage : accepter l'espérance présentée, offerte par un présage :

« Ah! je respire, Arsace; et tu me rends la vie!
» J'*accepte* avec plaisir un *présage* si doux. »
Rac. *Bér.* III, 2.

« Allons, *j'en accepte l'augure.* »
Marm. *Mém.* III.

S'Accepter. v. pron. Être *accepté :*

« Enfin, l'offre s'*accepte*. » Corn. *Hor.* I, 4.

www.ingramcontent.com/pod-product-compliance
Ingram Content Group UK Ltd.
Pitfield, Milton Keynes, MK11 3LW, UK
UKHW020218180726
13838UKWH00005B/2070